健身健美运动教程

《健身健美运动教程》编写组　编

北京体育大学出版社

策划编辑　佟　晖
责任编辑　佟　晖
责任校对　未　茗
版式设计　佟　晖　博文宏图

图书在版编目(CIP)数据

健身健美运动教程/《健身健美运动教程》编写组编.
- -北京:北京体育大学出版社,2015.11(2019.11 重印)
ISBN 978-7-5644-2119-9

Ⅰ.①健…　Ⅱ.①郭…　Ⅲ.①健身运动-教材②健美运动-教材　Ⅳ.①G883

中国版本图书馆 CIP 数据核字(2015)第 279634 号

健身健美运动教程
《健身健美运动教程》编写组　编

出版发行:北京体育大学出版社
地　　址:北京市海淀区农大南路 1 号院 2 号楼 4 层办公 B-421
邮　　编:100084
网　　址:http://cbs.bsu.edu.cn
发 行 部:010-62989320
邮 购 部:北京体育大学出版社读者服务部 010-62989432
印　　刷:北京瑞禾彩色印刷有限公司
开　　本:787mm×1092mm　1/16
成品尺寸:260mm×185mm
印　　张:15
字　　数:384 千字
版　　次:2015 年 11 月第 1 版
印　　次:2019 年 11 月第 4 次印刷
定　　价:70.00 元

序

人才培养是高等学校的根本任务，对处于学校工作中心地位的教学工作来说，其质量建设是高等学校的永恒主题。作为传授知识、掌握技能、提高素质的载体，教材在人才培养过程中起着非常重要的作用，是高等学校提高教学质量，促进内涵发展的有力抓手。

一本好的教材，不仅要充分体现教材应有的基础性、示范性和权威性，还要正确把握教学内容和课程体系的改革和创新方向，充分反映学科的教育思想观念、人才培养模式以及教学科研的最新成果，集中展现教材体系的创新，教材内容的更新和教学方法、手段的革新，善于处理好理论与实践、继承与创新、广度与深度、知识与技能、利学与利教的关系，成为开拓学生视野、引导学生探索、鼓励学生奋进的学业与人生兼备的“工具书”。

从中央体育学院到北京体育学院再到北京体育大学，这 60 年的办学历程，是继承发展的 60 年，是改革创新的 60 年，也是教材建设硕果累累的 60 年。学校不断探索教材建设的内在规律，引领高等体育教育教材建设的创新之路，发展了具有自身特色的教材体系，形成了特色鲜明的三个发展阶段。第一阶段是在 20 世纪 50 年代至 60 年代，我校教师在苏联专家的指导下，制定和编写了各专业的教育计划、大纲和主要教材。这批教师在主持和参与 1961 年国家体委组织的体育院校 18 门课程教材编著工作中发挥了重要作用；而这批教材也成为我国独立编写的、对苏联教材模式有所突破的第一批体育院校教材。第二阶段是在 20 世纪 70 年代末至 90 年代，我校教师在大量承担第二次重编体育院校教材牵头组织工作的同时，针对学校“三结合”的办学目标和人才培养模式，开始了多学科、多专业的自编教材建设。第三阶段是在进入 21 世纪以后，特别是国家体育总局于 2002 年下拨教材建设专款 480 万元之后，我校教材建设在数量和质量上都取得了重大突破。至 2010 年共立项建设了涵盖我校各专业课程的 187 项教材，其中有 4 项教材获得国家级优秀（精品）教材称号，14 项教材获得北京市精品教材称号。可以说上述三个阶段的发展，使我校教材建设水平达到了一个空前的高度，为高等体育人才的培养发挥了重要的作用。

为全面提高高等体育教育质量，深化高等体育教育教学改革，继续加强体育学精品教材建设，2012 年初，在北京体育大学教学指导与教材建设委员会的具体指导下，我们启动了高等教育体育学精品教材建设工程。学校遴选教育部新颁布的体育学类所属的体育教育、运动训练、社会体育指导与管理、武术与民族传统体育、休闲体育、运动康复、运动人体科学 7 个本科专业的部分基础课程和主干课程开展精品教材建设。我们整合了全校的优质资源，组织专家、教授全程参与教材的规划、编写、初审、终审等过程。按照精品教材的要求，以优秀的教学团队编写优质的教材，出精品、出人才为建设思路，编委会优选学术水平与教学水平兼备、具有创新精神的专家、教授担任教材主编，组织优秀教学团队成员参与教材编写；精确定位教材适用对象，准确把握专业知识结构、能力结构和综合素质要求，深刻领会课程内涵，简洁洗练地表达知识点、能力点和素质点；融入最新的教改成果和科研成果，吸收国外优秀教材的先进理念和成果，创新利于学生自学和教师讲授的教材体例；学校还投入专项资金，对教材进行一体规划、一体设计、一体编审，并采用多色印刷技术增加教材的可读性；为全力保证教材编写质量，北京体育大学出版社资深编辑深度介入教材编写的所有环节。当这批教材展现在读者面前时，我们充满了期待。

岁月如流，薪火相传。60 年的教材建设成绩斐然，推动着体育学教材建设步入新的起点、站在新的高度。展望未来，一批批体育学精品教材将随世界一流体育大学的建设进程应运而生，不仅在学校内涵式发展的改革进程中发挥重要作用，而且在全国高等体育院校人才培养中做出积极贡献，在高等教育教材建设中留下浓墨重彩的一笔。

北京体育大学校长

校教学指导与教材建设委员会主任

2013 年 9 月

北京体育大学高等教育体育学精品教材编委会

教材编写组

组　长：郭　勇

成　员（以姓氏笔画为序）：

杨晓光　鲍　克　熊海燕

前言

《健身健美运动教程》作为体育院校开设健身健美专业必修课程的教材，适用于社会体育、体育教育、表演专业、休闲体育专业必修课程以及其他健身健美选修课程，也可以作为体育教师、健身教练、私人教练、健身健美运动员以及健身健美爱好者重要的参考书。

《健身健美运动教程》是由北京体育大学健身健美专家、学者根据十多年教学训练经验和科学研究撰写的一部规范教程。以运动生理学、运动解剖学和当前健身健美最新研究成果为依据，提出了健身健美训练最新的观点和理念，并以大量清晰的图片来直观介绍健身健美训练原理、方法、手段。真正做到简单、实用、易操作，让学生学以致用。书中涵盖了健身健美运动的重要内容，分别介绍了健身健美运动的概念、作用以及发展历程，通过对健身健美训练原理和机制的了解，让学生做到知其然并知其所以然。健身健美训练动作是本书的核心部分，通过大量的图片和分段式的动作描述，力求让学生真正理解动作技术要领，做到动作过程清晰，技术操作规范。在训练方法讲解方面，对每个训练方法都作出详细的解释，从定义、案例、适用范围予以明确。在使用过程中做到有的放矢，降低选择的难度，提高了训练的科学性和安全性。健身健美训练计划制订是本书的又一亮点，基本原则和训练计划要素都有详细的解释，在使用时非常简单实用，尤其是对练习者不同训练阶段给出了明确的标准，在教学方面真正做到因材施教，个性化和普遍性相结合。本书所讲解的基本理论和实践都是经过十多年研究和验证才筛选出来的，是科学的、安全的、有效的。它成功地将健身健美训练实践的成功案例与最新的健身健美理论紧密结合，同时还将那些已被训练实践验证的先进理论与训练方法紧密地联系在一起，而这种结合已经被研究和使用，其中包括全国冠军、亚洲冠军、世界冠军以及众多的健身健美练习者。

本教材是由北京体育大学郭勇负责完成教材的统稿定稿工作。参加教材编写的还有杨晓光，主要负责第三章的编写；鲍克主要负责第五章的编写；熊海燕主要负责第七章的编写；郭勇主要负责第一章、第二章、第四章、第六章的编写。最后，我们要衷心感谢中国健美协会为本教材提供大量珍贵的资料和素材，感谢国际健美健身联合会、世界冠军辛健、亚洲冠军郑少忠、全国健身小姐冠军孙诗阳、罗佳、汪俊含、休缘提供的珍贵图片，感谢北京体育大学出版社为本书所做出的努力，感谢为本书提供最新信息的专家、学者。虽然经过多次的修改，疏漏和不完善之处在所难免，敬请同行专家、广大师生以及读者不吝赐教，以便更好地完善本书的知识体系。

《健身健美运动教程》编写组

2015 年 9 月

目录 CONTENTS

第五章　健身健美训练方法

第六章　健身健美训练计划制订

第七章　健身健美竞赛组织及裁判法

第一章　健身健美运动概述

本章提要

- 了解健身健美运动的定义
- 了解健身健美运动的分类及其作用
- 了解健身健美运动在国际与国内的发展历程

第一节 健身健美运动的概念

一、健身健美运动的定义

健美运动是指通过徒手和利用各种器械的抗阻力量练习，以运动解剖学、运动生理学、运动生物力学、运动医学、运动营养学、人体美学并结合现代综合艺术为理论基础，为发达肌肉、修塑体形、减缩脂肪、提高健康体能及运动损伤康复而进行训练的一项体育运动项目。健身运动是指通过不同形式的练习，运用专门的动作和方法给予身体实施有效刺激，用于改善和提高肌肉力量、柔韧性、心肺功能和体成分等身体素质，以增进身体机能和健康水平而进行的一项健身活动项目。

二、健身健美运动的分类

健身健美运动按照不同目的可分为竞技健身健美和大众健身健美。竞技健身健美可以分为以发达肌肉为主，展现肌肉的匀称度、清晰度、分离度、凸凹度为主要评判依据的男女健美比赛；以展现运动体格、肌肉形态、身材比例、肌肉力度为主要评判依据的健身比赛。大众健身健美又分为以发达肌肉、缩减脂肪、修塑体形为主的健美训练；以提高健康体能为主的健美训练；以实施运动康复为主的健美训练（图 1－1）。

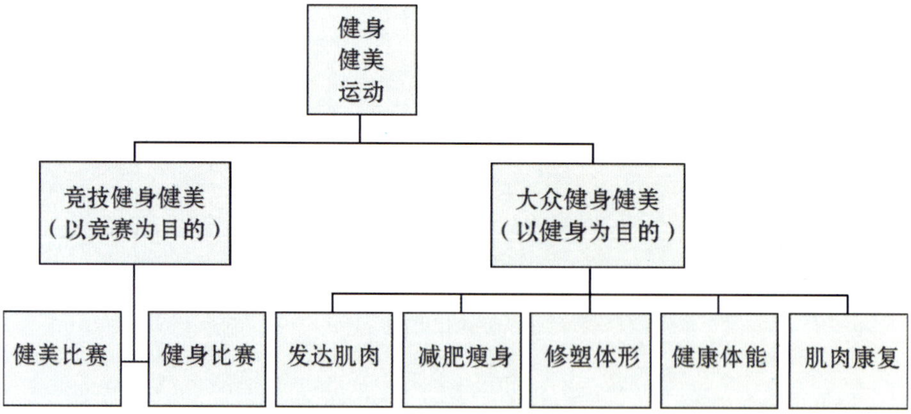

图 1－1 健身健美运动分类

三、健身健美运动的作用

（一） 提高力量和发达肌肉

通过健美训练可以改善身体内各肌肉间的协调能力，提高神经肌肉的同步化程度。骨骼肌受到压力后可以刺激到肌纤维中不同的收缩成分及结缔组织，提高肌肉中蛋白的含量，使肌纤维增粗，肌肉中的毛细血管网增多，肌肉的生理横断面增大，肌肉力量和收缩能力增加。

（二） 改善形体和矫正不良体态

健美运动是雕塑体形的最佳运动方式，通过对体形进行针对性的健美训练，可以塑造凹凸有致的完美体格。无论是男性还是女性，都可以通过健美练习获得匀称的体形，增加肌肉弹性和线条美感。此外，通过健美训练不仅可以改善因长期伏案工作导致的含胸驼背和肌肉不平衡问题，还能改善溜肩、肩高低不均、臀下垂、“O”型腿、“X”型腿、肩窄腰粗等不良体形体态。

（三） 减肥瘦身和调整体成分

通过健美训练，增加肌肉组织，帮助改变身体成分。合理的身体成分能让人们保持好的体形和健康。肌肉对新陈代谢至关重要，因为它是人体最为活跃的组织。与其他组织相比肌肉需要昼夜不停地消耗更多的热量才能维持，我们可以把肌肉看作“耗能大户”，所以可以通过增加肌肉促使身体消耗大量的能量。最新研究表明：1 千克肌肉每天能消耗 70 ~100 千卡的热量。

保持并增加肌肉组织之所以重要，还另有原因。人到了 20 岁以后，身体每 10 年要减少 3 千克左右肌肉，也就是每年 300 克左右。对女性来说，在更年期和绝经之后她们每年要损失 1 磅肌肉，或者说 10 年损失 5 千克肌肉，对健康更为不利。肌肉是人体中的“发动机”，肌肉不断丧失就如同一辆八缸的汽车马力降到六缸、四缸甚至摩托踏板车的水平。这种肌肉的渐渐丧失，会给人体带来两个严重问题：一是身体器官功能将减退，这将导致身体缺乏活力，肌肉进一步丧失；二是身体热量消耗将减少，这将导致人体新陈代谢减慢，新陈代谢的减慢意味着，虽然与以往吃同样多的食物，但渐渐带来的是身体脂肪的堆积和健康进一步下降。

（四） 提高人体运动能力

健美运动的发展加深了体育科学之间的联系，各学科知识的应用可以在健美训练中得到很好的体现。首先，通过对肌肉的练习，增强了中枢神经系统对肌肉的控制能力，在力量、速度、耐力、柔韧性和协调性等方面身体素质也得到提高。健美训练还可以提高力量的传递、组合和控制的功能。通过对核心部位（腰椎、骨盆和髋关节）肌群稳定性力量的训练，建立上下肢力量的传递通道。通过改善大肌群和小肌群、表层肌和深层肌、主动肌和拮抗肌之间的协作能力，提高肌肉之间协同用力能力。通过增强运动神经对肌肉的支配能力，提高肌肉运动的控制能力，防止运动损伤。尤其是对其他运动中减速的控制训练，堪称是最有效的练习手段。其次，健美训练在训练初期非常强调多块肌肉的协调用力和整体作用，强调多个关节部位稳定性的加强和稳定程度的调整。高级健美训练者非常重视小肌群、深层肌肉以及“盲点”肌肉的训练，很重视肌肉的形态和柔韧性训练，这些能力对其他运动技术均产生重要的支撑作用。

（五） 促进肌肉康复和延缓肌肉衰退

在运动损伤康复过程中最有挑战的问题之一是如何设计有针对性的肌肉康复方案，以帮助练习者最终恢复活动能力。健身健美运动在促进肌肉康复方面具有自己独特的优势，它对肌肉训练的了解更加深入，更具针对性，更具实效。实践证明，健美训练是促进肌肉康复最有效的手段之一。

研究表明，不经常参加体育锻炼的人在 20～25 岁达到最大肌肉力量，以后每 10 年将会损失 10% 左右的肌肉重量和肌肉力量。到了 60 岁以后，力量的损失会更加迅速，一些老人甚至应付日常生活都非常困难。人在成年以后，身体功能开始逐渐衰退，其主要表现有细胞合成蛋白质的能力下降，免疫功能衰退，脂肪含量增加，肌力丧失，骨矿含量丢失，肌肉力量下降是导致他们无法独立生活的决定性因素。最新的研究显示，通过科学的健美训练可以显著提高人体肌肉力量，延缓肌肉的流失，减缓关节疼痛，改善关节周围组织功能，提高人体对疾病的抵抗力，有助于提高身体荷尔蒙水平。这种种益处导致的直接结果就是延缓人体衰老进程，使人尽管年龄变老，仍然能保持强壮和活力。

第二节　健身健美运动发展历程

一、国际健身健美运动发展概况

劳动创造了人类，劳动和生活孕育了舞蹈和体育。那么，人们对自身美的追求，当然也会随着物质文明的发展而倾注更大的热情。早在公元前 6 世纪，古希腊就已盛行赤身运动，当时的健身场是贵族青年必进的学校，每个青年要在这所学校里参加系统的身体和肌肉的训练，如跳跃、拳击、掷铁饼都是训练中的必修课，没有在训练场接受过训练的人，被人们看成是没有教养的人。而且，在当时的奥林匹克运动场上，他们不仅要在强手如林的竞赛场上以高超的运动技巧压过对手，还要在众多的观众面前以令人羡慕的健美体格赢得更多的赞誉。竞争者们为了表现身体线条的优美，富有弹性的肌肉，把全身都涂上了当地盛产的橄榄油，裸体进行角逐。经过涂油的人体，在充足光线的照耀下，使得肌肉线条更加明显。这种普遍进行的赤身运动，实质上也反映了古代人们推崇健美以自然的形式展现。至今，健美比赛仍然保持着涂油和在强光下进行比赛的传统。

在古希腊奥林匹克运动会上，曾经有过这样一条规定，艺术家要为连续获胜的体育健儿塑像，作为宙斯的骄子，永远屹立在宙斯神像的身旁。因此，可以认为忠于生活的古希腊艺术大师们留下的某些艺术珍品，是那个时代人们对健美体格的真实写照。如珍藏在罗马博物馆里的大量人体雕塑形象地告诉人们，对健美体格的向往和追求是有悠久历史的。古希腊的雕塑家米隆的杰作“掷铁饼者”刻画了运动员健美的体格，生动表达了人体运动之美（图 1－2）。又如，后来人们在米洛斯岛上发掘出的“断臂维纳斯”大理石塑像，其体态丰满和神情端详的女性美，超越了时间和空间，成为世界艺术宝库中具有永恒魅力的艺术珍品（图 1－3）。这些光彩夺目的艺术形象告诉人们：“生命在于运动”和“世界上没有任何一种衣裳能比健康的皮肤和发达肌肉更美丽”的哲理。

图 1－2　掷铁饼者

图 1－3　断臂维纳斯

19 世纪以前，英国、德国等国家，早就有人用杠铃、壶铃等器械及其他重物来锻炼身体，这种锻炼形式，既是现代竞技举重的起源，也是现代健美运动和力量举重的起源。当时，人们锻炼主要追求的是力量的增长，而在体形方面并无特殊的要求，他们常在舞台上或其他场馆用各种各样的方式表演和进行体力对抗。当时，这些大力士们的体形大都是肩膀宽厚，腰围粗大，给人以健壮有力的印象，吸引人们进行锻炼。大约到了 19 世纪初期，大力士们的体形逐步有了改变，他们在各种场合除了表演各种力量外，还经常运用肌肉控制、造型等形式来表演自己发达丰满、线条明显的肌肉及匀称健美的体形。为了收到良好的表演效果，必然要求在训练方法上有所改变，于是，潜心研究训练方法，不断尝试各种训练手段，积累了一定的训练经验，因而，在增长力量、发达肌肉、改善体形体态等方面都达到了一定的水平。到了 19 世纪后期，随着举重比赛的出现，有人开始主张增长力量，到竞技场上去参加角力。另有一些练习者在发达肌肉、锻炼健美的体形和塑造健美的表演形象方面下苦功夫。在这种情况下，单一的举重运动开始一分为二，逐步形成为以竞技举重为主的举重比赛和以发达肌肉、塑造体形为主的健美运动。

19 世纪末，健美运动萌发于德国尤金·山道（Eugen Sandow）的自身锻炼。尤金·山道（1867.4.2—1925.10.14）的原名叫法德勒·穆勒，尤金·山道是他的艺名。山道生于德国普鲁士的康斯尼堡，少年时体弱多病，有一次，山道与父亲去罗马旅游，在参观佛罗林美术展览时，他被古代角斗士的健美雕像所感染，从此以后，为获得健美的身躯，他不懈地坚持每天自行锻炼。后来，他拜闻名全欧洲的大力士兼教练路易士·布马捷为师，在老师的悉心指导下，山道表现得异常刻苦，体格进步很大。直到18岁上大学，他学习了人体解剖学等医学书籍，懂得了科学锻炼的重要意义，他不断地在实践中摸索，终于总结出一套发达肌肉、提高力量的训练方法。功夫不负有心人，经过短短的几年，他无论在体力和肌肉发达方面，以及力的技巧表演上都取得了突出的成就。随后，他到英国、澳大利亚、新西兰和南美洲各地表演各种健美技艺，常显露肌肉造型，展示健美训练的方法和效果。从此，山道声威大振，名扬全欧，成为人们心目中传奇式的英雄人物（图1－4）。

图1－4　尤金．山道
(*Eugen Sandow*)

1898年7月，山道创办《山道杂志》，并发表文章筹备健美比赛。1901年9月14日，在英国伦敦能容纳15 000名观众的皇家阿尔勃特剧院举行了世界健美比赛，参加比赛的有来自世界各国的60名大力士，经过预先淘汰，最后有12名运动员进入了决赛。这次比赛，山道制定了根据体形比例、肌肉发达程度、身体发展匀称性、健康状况和皮肤色泽五个方面来进行评判的标准。这次世界健美比赛的举行，在健美指导思想、方法、评判标准及比赛组织等方面为现代健美运动的发展积累了宝贵的经验，促进了现代健美运动在各国的发展。

山道在年高退出健美表演舞台时，还创办了一个健身函授班和世界上第一所健美锻炼体育学校，大量吸收青年参加健美活动，并指导人们进行健美锻炼。到了1898年他还创立了《体育文化》期刊，同时又在伦敦的圣詹姆士街设立了体育学校总部，在新西兰、澳大利亚、印度、南非及美洲等地建立了分校，教授健美、举重、角力等体育项目。不仅如此，山道还到世界各地现身说法，表演技艺，推广宣传健美运动。山道之所以能受到当时人们的崇敬，不仅因为他有雕塑般的健美体格，刚中带柔的线条和高超控制肌肉的表演技巧，以及在举重和角力方面的高深造诣，还因为他具有一般大力士所不能比拟的文化素质和道德修养。山道为人谦和，温文尔雅，在他身上丝毫寻觅不到当时大力士所惯有的种种不良陋习。他上过大学，专门研究过人体解剖学，并著有《力量以及如何去得到》《哑铃锻炼法》《体力养成法》《实验祛病法》等著作，对健美运动功的发展起了很大的推动作用，受到世界各国健美爱好者的欢迎。由于山道为开创健美运动做出了卓越的贡献，因此，山道被后人尊称为体育家、表演家、艺术家及国际健美运动的鼻祖。

20世纪30年代中期，加拿大健美运动的创始人本·韦德（Ben Weider）和乔·韦德（Joe Weider）兄弟创办了《您的体格》杂志，积极推广和宣传健美运动。进人20世纪40年代以后，他俩创办了月刊《肌肉与健身》《形体》《柔韧》《男子健美》等杂志，并且不遗余力地先后周游了97个国家，为发展国际健美运动，开始进行了卓有成效的工作。为把健美运动推向世界，1946年，韦德兄弟共同创建国际健美联合会（The International

Federation Bodybuilding，缩写 IFBB），由弟弟本·韦德担任终身主席，乔·韦德任资深执委。该协会是一个单项协会性质的国际体育组织，总部设在加拿大的蒙特利尔，其宗旨是发展体育与健美运动，并规定每年要在不同国家举行一次世界健美锦标赛，口号是“健美运动有利于国家建设”和“身体建设比国家建设更为重要”。此外，该协会还经常组织活动对有关健身健美项目进行研讨和交流。1969 年国际健联从国际举重联合会脱离出来，开始了独立的运行，并逐渐地成长壮大。今天国际健联已拥有 170 多个会员国，并成为世界发展最快、普及最广的体育运动项目之一，现在越来越多的洲际运动会将健美列入比赛项目。这是乔·韦德和本·韦德及国际健联的工作人员半个多世纪努力的结果，而在之前健美一直被体育界人士误解。2008 年，本·韦德在加拿大蒙特利尔的一家医院去世，享年 85 岁。而哥哥乔·韦德因心力衰竭于 2013 年去世，享年 93 岁（图 1－5、图 1－6）。

图 1－5　乔·韦德（Joe Weider）

图 1－6　本·韦德（Ben Weider）

从 20 世纪 50 年代末，在各国开展健美运动的基础上，健美运动在亚洲发展迅速。1959 年，锡兰（即斯里兰卡）业余健美联合会发起并举办了亚洲先生健美锦标赛，揭开了亚洲健美比赛的序幕。1961 年后，以锡兰、巴基斯坦、印度、缅甸、泰国、马来西亚等六国为基本成员的亚洲健美联合会成立，并组织了第一届亚洲健美锦标赛。至此，亚洲健美运动上升至组织化和制度化的发展层面。1970 年，亚洲健美联合会被国际健美联合会接纳为会员，确立了亚洲健美运动在世界健美运动领域的地位。20 世纪 60 年代，职业健美运动开始崛起，并与业余健美运动一起发展，1965 年开始创办了每年度世界最高水平职业运动员参加的奥林匹亚先生大赛。随着健美运动的发展，奥林匹亚健美大赛已经成为一项经典的赛事。20 世纪 70 年代，健美比赛盛行，比赛规则有了很大的变化。1976 年，斯塔特（State）制定了比较全面的国际健美协会竞赛规则，开始使用按体重进行分组，男子根据全身肌肉发达程度、体格比例的平衡性、全身肌肉发展的匀称性、肌肉线条的明显性及造型能力等五个方面。女子根据整个身段是否具有女性美、全身肌肉发展的匀称性、肌肉和脂肪的含量比例是否适当、肌肉的发达程度、肌肉和体形线条美及造型技能等五个方面的优劣，按相对比较排序的评分方式进行评判，得分少者名次列前，这种评分方法的出现是现代健美比赛规则诞生的标志。

自国际健美联合会成立后，世界健美运动飞速发展，健美运动的组织机构和竞赛规则也越来越完善。1998 年 1 月 30 日，在日本长野召开的国际奥委会执委会会议上正式承认国际健美联合会，接纳健美运动为奥林匹克大家庭的一员。

二、健身健美运动在中国的发展

（一） 中华人民共和国成立之前 （1949 年之前）

中国健美运动走过了从诞生、初步繁荣、惨遭禁止、复苏、初步发展和稳步发展的历程。在 20 世纪 20 年代末，现代健美运动由欧美传入我国，最初仅在上海、广州等沿海城市兴起，开始用杠铃和哑铃作为发达肌肉和改善体形的现代健美器械。1924 年，在上海沪江大学上学的赵竹光（1907—1991）为了使身体能适应紧张的大学生活，积极寻求健身之道，以便能胜任繁重的学业。于是他积极参加了美国查理斯·爱吉斯举办的健身函授科班，开始进行自抗力的锻炼，并成立了锻炼小组，将国外健美函授学校教材集中整理，拟订科学锻炼计划进行练习和训练，因效果卓著，吸引了大量爱好者参加练习。在 20 世纪 30 年代，健美运动的理论与实践得到迅速发展。1932 年，上海健美社开始发行半月刊《健美画册》。1934 年和 1937 年，美国人著述的《肌肉发达法》和《力之秘诀》两本健身著作，由赵竹光先后翻译在中国出版。1938 年 12 月《健与力》创刊并开始发行，它们为中国健美运动的开展奠定了理论基础。

1940 年，赵竹光与其学生曾维祺创办了上海健美学院，成立了中国第一所健美学校，开始培养中国健美运动师资。1942 年，曾维祺先生又在上海开办了健美训练班，致力于健美运动的推广，培养了中国历史上第一名健美冠军柳顯庵。此后，各种健身院和健身活动竞相在各大城市出现。在上海，娄琢玉和胡维予分别在业余时间担任上海基督教青年会和精武体育会的健美教练员。在广州，谭文彪创办了谭氏健身院，并有刘英和卢伟等为健美运动的开展做了大量工作。在南京，戴毅创办首都健身院。在北京和苏州分别有林仲英和李钧祥开展健美活动。1944 年 6 月 7 日，在上海八仙桥青年会礼堂，由现代体育馆、上海健身学院和上海基督教青年会体育部联合发起举办了上海健美男子比赛，按当时在美国盛行的美国先生比赛办法，从四个方面进行评分，最后柳顯庵获全场冠军，黄辉获全场亚军，这是中国第一次举办健美比赛，标志着中国健美运动竞赛的开始。

（二） 中华人民共和国成立初期 （1949 年后）

中华人民共和国成立后，健美运动深受广大青年群众欢迎，各地健美运动蓬勃发展，仅广州、上海等地就有 30 多家健身院和健身馆。20 世纪 50 年代中期以后，封建主义“露体不雅”的思潮悄然泛滥，由于缺乏宣传，错误地把健美运动作为西方资产阶级体育进行批斗，健美运动遭到了前所未有的发展危机。1958 年，加拿大本·韦德访问中国，期望启动健美运动在中国的发展，但未获得成功。

（三）改革开放初期（1980年—1989年）

20世纪80年初期开始，由于中国改革开放政策的实施，重新开启了健美运动的新征程，健美运动被认为是一门可以陶冶情操，改造社会风气，增强体质和塑造人体健美的体育项目，全国各地群众性的健美运动迅速发展。1980年，《健与美》杂志问世，宣传推广健美运动知识，人们对健美运动逐渐有了新的认识。随之健美运动在上海、广州及北京等大城市兴起，健美运动迎来新的发展时期。1983年在上海举行了首届全国健美邀请赛，对刚刚复苏的中国健美运动的发展起到了加速促进的作用。后在陈镜开、薛德明和娄琢玉等人的倡导下，决定每年举行一届，成为中国健美运动由复苏走向初步发展的标志。

1984年10月，应国际健美协会邀请，国家体委派出许放和娄琢玉二人，组成中国体育代表团，以观察员身份出席在美国举行的第38届国际健美联合会年会，会上国际健美协会主席本·韦德重点介绍了中国健美运动迅速恢复和发展的情况，娄琢玉应邀作了题为《健美运动在中国》的发言，这是中国首次参加国际健美联合会的活动，为中国取得国际健美联合会会员国资格奠定了基础。1985年11月，第39届国际健美联合会在瑞典哥德堡举行年会，一致通过了接纳中国为第128位会员国，确立了中国健美运动的国际地位。1986年10月，中国举重协会健美委员会成立，成为推广和管理健美运动的专门机构，就在这一年，制定并出版了中国第一部健美竞赛规则和裁判法。1986年第4届“力士杯”全国健美邀请赛在深圳举行，女子健美首次列入正式的比赛项目，并按照国际健美竞赛规则要求，统一着三点式比基尼泳装进行比赛，引起了国内外媒体的关注。1987年在安徽屯溪市举行了全国第5届“力士杯”健美锦标赛，从本届开始国家体委将一年一度的全国健美邀请赛正式改为全国健美锦标赛。1988年9月，中国高等教育委员会决定将《健美运动》列入全国高等院校学生必修的体育科目，标志着健美运动成为大学生体育健身活动的重要手段之一。1988年10月，由中国健美协会秘书长古桥先生任领队，以健美运动员何玉珊和孙伟毅为代表的中国健美队，参加了在澳大利亚举行的第42届世界业余男子健美锦标赛，这是中国首次派选手参加世界性健美比赛。1989年9月20日，中国健美协会正式加入亚洲健美联合会。

（四）健美运动进入规范化发展阶段（1990年—1999年）

1990年，国家体委举重处处长薛德明同志被选任为亚洲健美联合会副主席。当年10月，第26届亚洲健美锦标赛和第5届亚洲青年健美锦标赛在马来西亚巴州举行，中国首次派队参赛。1992年初，国家体委首次公布了《健美运动员技术等级标准（试行）》。1992年9月8日中国健美协会成立，成为中华全国体育总会和IFBB的团体会员，是唯一代表中国参加国际健美健身运动的合法组织。1993年5月，中国健美协会第一届代表大会在安徽铜陵举行，大会选举产生了第一届协会领导机构，李斗魁当选为主席，曾维祺被聘为顾问。1994年11月，在上海举行了第48届世界业余健美锦标赛，这是我国第一次举办的国际性健美赛事，推动了我国健美运动向国际化迈进。1998年，中国健美协会印发了《关于健身指导员技术等级（暂行）制度的通知》和《健身指导员技术等级（暂行）制度》两个重要文件，在全国范围内开展健身指导员培训工作。1999 年，经国家体育总局和民政部核准并颁布《中国健美协会章程》，中国健美协会，简称“中国健协”，英文名称为“Chinese Bobybuilding Association”缩写为“CBBA”。中国健美协会接受国家体育总局和民政部的业务指导和监督管理，中国健美协会办公地点设于北京。

（五）健美运动全面发展阶段（2000 年—2009 年）

为了健美运动能够健康发展，2000 年 5 月在浙江省宁波市举办的首次全国体育大会健美比赛期间，采取了一系列禁止服用使用兴奋剂的举措，收到良好的效果。为了提高教练员和裁判员的专业水平，中国健美协会 7 月在北京成功举办“首期国家级健身指导员、全国健美裁判员培训班”；10 月，在安徽亳州市举办了首届全国健身健美科研论文报告会，旨在搭建健美运动科学和实践之间的桥梁。

2001 年 9 月，中国健美协会选派国内优秀运动员参加在韩国釜山市举行的第 37 届亚洲健身健美锦标赛，取得 5 金 1 银的佳绩。同时，国家对健身健美专业人才的培养做了大量的工作。2002 年中国健美协会在北京成功举办了全国等级健身指导员班、健美裁判员培训班及全国专业健美教练员（韦德训练法）培训班，为健身健美行业培养了大批的专业人才。同时，高校健身健美运动也迎来了良好的发展机遇，作为中国最高体育学府的北京体育大学，率先设立健身健美专项课程，成为全国第一所培养高级健身健美专业人才的高等学校。

2004 年 11 月，中国健美协会第三届会员代表大会在山东青岛市召开，大会选举产生新一届委员会委员及领导人，通过了《中国健美协会第二届委员会工作报告》和《关于修改中国健美协会章程的报告》，大会选举通过刘光春为中国健美协会主席，王瑞霞为秘书长。2005 年 11 月，第 59 届世界健美锦标赛在上海市举行，这是中国第二次举办世界锦标赛，中国队派出 8 名运动员参加了本次大赛，经过激烈的争夺，我国运动员钱吉成在 60 公斤级比赛中获得第一名，实现了我国健美运动历史性突破，为我国争得了荣誉。2006 年 12 月，第 15 届亚运会健美比赛在卡塔尔首都多哈市举行，中国队派出 4 名运动员参加比赛。经过激烈争夺，中国运动员在亚运会上取得历史性突破。在 60 公斤级比赛中，钱吉成以绝对优势摘得金牌，实现了我国健美项目在亚运会上金牌“零”的突破。

2007 年 8 月，亚洲健美健身锦标赛在上海举行，我国共派出了 27 名运动员参加了此次比赛，以总成绩 129 分夺得团体总分第一名。面对新形势下反兴奋剂的迫切性，于 2008 年在江苏省连云港市举办了全国健美健身项目反兴奋剂教育培训班，来自全国健身健美协会及有关单位的精英建言献策，为反兴奋剂的教育实践工作提供大量宝贵的经验。2008 年 4 月至 11 月，为了积极备战 2009 年在我国台湾举行的世界运动会健美比赛，中国健美协会组织众多优秀健身健美运动员进行多次短期集训，参与人数多，时间长，为推动健美运动向高水平、科学化方向发展做出大量有成效的工作。参加集训的教练主要有孙纪云（女）、杨斌胜、郭勇（北京体育大学）、张惠明（江苏）、钱吉成（海南）、相建华（山西）、王丽君（女、西安体院）、魏斌（北京）、周瑾（女、北京）等国内优秀的教练员和科研人员。2009 年 12 月，中国健美协会第四届全国会员代表大会在海口市召开。大会选举产生了中国健美协会新一届领导机构，刘光春同志继任中国健美协会主席，王瑞霞同志继任中国健美协会秘书长。

（六）健身健美运动发展新阶段（2010 年—2015 年）

通过多年的努力，健身健美竞赛方面取得了一系列优异成绩。2010 年在伊朗德黑兰举办的第 44 届亚洲男子健美锦标赛暨首届亚洲男子形体比赛，中国队获得一金一铜。2011 年在泰国曼谷举行第 45 届亚洲健身健美锦标赛，中国队获得 3 金 2 银的好成绩。在 2012 第 46 届亚洲健美锦标赛上，中国队获得 8 金 4 银 3 铜，创造了亚洲健美锦标赛历史最好成绩。2013 年在越南胡志明市举行的第 47 届亚洲健美锦标赛，中国队获得 4 金、2 银、2 铜的好成绩。当年 11 月在匈牙利首都布达佩斯举行的 WBPF 世界健美健身锦标赛，我国优秀健美选手辛健获得男子 75 公斤级世界冠军。

在赛事改革方面，以健身比赛为主的中国健身公开赛采取分赛区和总决赛的方式进行，这是一次商业化运作的赛事模式，是国内竞技水平最高、参赛人数最多、影响力最大的健身赛事，有力促进了健身运动在中国的快速发展。

2014 年在江苏省连云港市召开了中国健美协会第 5 届全国会员代表大会，会议听取了中国健美协会第 4 届全国委员会主席刘光春所作的工作报告。会议选举产生了中国健美协会第 5 届全国委员会领导班子，国家体育总局宣传司司长张海峰担任主席，国家体育总局社会体育指导中心业务五部主任古桥担任秘书长。同年 5 月举办的全国健美锦标赛，根据最新国际健美竞赛规则，对项目设置做出一些调整，按照传统健美和古典健美进行比赛，其中古典健美在我国还是一个全新尝试，这不仅是为配合参加亚洲沙滩运动会，同时也是国际健美运动发展的趋势。为适应现代健美的发展需要，在比赛期间，还进行国际级健美裁判员复核和亚洲级健美裁判员晋升国际级的培训及考试。培训复核考试工作由国际健美联合会裁判委员会主席帕维尔主持，中国健美协会秘书处协助。参加本次国际级健美裁判员复试和亚洲级健美裁判员晋级考试的国际级裁判员有 9 人，亚洲 A 级有 9 人，亚洲 B 级有 23 人。2014 年 10 月，国务院印发的《关于加快发展体育产业促进体育消费的若干意见》提出，营造重视体育、支持体育、参与体育的社会氛围，将全民健身上升为国家战略，这一重大改革将有力推进健身产业的快速发展，健身健美运动也将迎来更大的发展机遇。

思考题

1. 健身健美运动的定义及分类。
2. 健身健美运动在改善和提高人体健康机能方面有哪些重要作用？
3. 健身健美运动在中国的发展经历了哪几个重要阶段？

第二章　健身健美训练的运动科学基础

本章提要

- 了解骨骼肌的结构、骨骼肌类型及运动单位募集
- 了解肌肉肥大的生理学机制
- 了解健身健美训练与三个能量系统之间的关系
- 了解杠杆原理
- 了解力和力矩的定义及其在健身健美训练中的应用
- 了解蛋白质、碳水化合物及脂肪的基本知识
- 了解水的重要性，以及在健身健美训练中正确补充水分的方法
- 掌握增肌和减肥的营养需求

第一节 健身健美训练的生理学基础

肌肉系统的众多功能都是由三种肌肉完成的，分别是骨骼肌、心肌和平滑肌。骨骼肌受意识支配，为随意肌，是人体内最多的组织，正常成人全身骨骼肌占体重的30%～40%，是人体产生活动的动力来源。在健身健美训练中所锻炼的肌肉系统主要是骨骼肌系统。心肌仅在心脏可见，是构成心脏壁的主要成分，为非随意肌，不受意识支配。平滑肌主要分布于血管壁上，也属于非随意肌，不受意识支配。

一、骨骼肌结构

（一）骨骼肌的解剖结构

正常成年人全身骨骼肌有600多块。完整的骨骼肌由肌束组成，肌束又由肌纤维组成，肌肉的致密组织是由大量肌纤维和一些结缔组织膜共同组成的。围绕整块肌肉的结缔组织叫肌外膜，切开此膜，会看见整块肌肉是由一条一条的肌束所组成，包裹肌束的结缔组织膜称为肌束膜。肌束膜很坚韧，且相对较厚。最后，去除肌束膜并以显微镜观察，便可见一条一条的肌纤维，这就是肌细胞。包裹肌细胞（肌纤维）的结缔组织，称为肌内膜。每根肌纤维由许多平行的肌原纤维组成，肌原纤维是由蛋白丝规则排列成的肌小节组成，每个肌小节包括大部分肌动蛋白组成细肌丝和肌凝蛋白（或叫肌球蛋白）组成的粗肌丝。肌节是肌原纤维的基本功能单位，也是肌肉的基本收缩单位。由于一条肌纤维就是一个多细胞核的肌细胞，所以骨骼肌细胞一般称为肌纤维（图2－1）。肌纤维是构成骨骼肌的最主要的结构成分，呈圆柱状，在光学显微镜下可以看到，它由肌细胞膜、细胞核和细胞质组成。

（二）骨骼肌的超微结构

1. 肌内膜和肌细胞膜

肌内膜是由致密胶原纤维网组成的，包裹着每一根肌纤维。直径在60μm～120μm之间，其中一些与肌束膜纤细的纤维网相连接。肌内膜可能也与基底膜相连接，这个基底膜位于肌内膜和细胞膜之间。肌细胞膜实际上是肌细胞的边界，包裹肌肉细胞的外鞘，由双层脂质分子和嵌入的蛋白构成。肌肉细胞内的细胞质成为肌质，主要成分为肌原纤维。肌细胞膜的完整对细胞的功能十分重要。

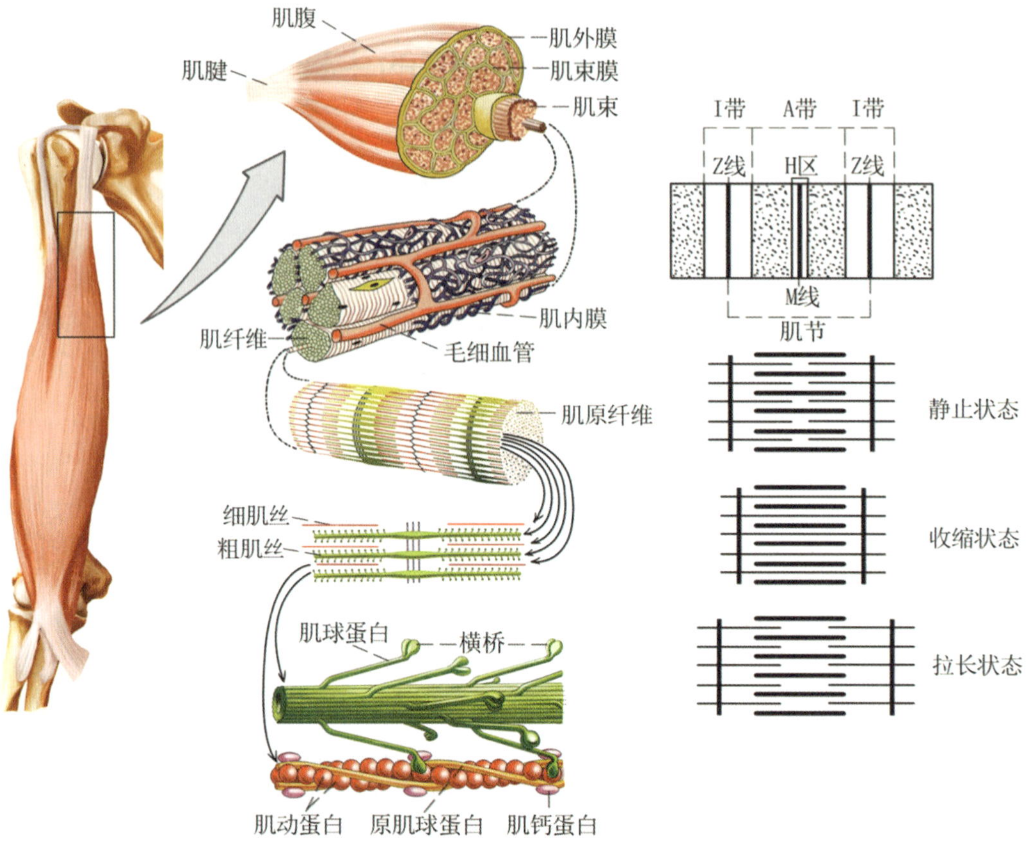

图 2－1　骨骼肌的结构

2. 肌原纤维

在电子显微镜下观察，横纹肌纤维的每条肌原纤维由两套更微细的蛋白肌丝组成。肌动蛋白形成细肌丝，肌球蛋白（又称肌凝蛋白）形成粗肌丝。肌动蛋白和肌球蛋白彼此穿插，平行有序排列。它是肌纤维的收缩和舒张单元。

3. 肌浆网及横管系统

肌原纤维周围的膜管系统，形成复杂的网络，由肌浆网及横管系统两部分组成。肌纤维的纵向联络系统，成为肌浆网。这些膜构成的管状结构平行于肌原纤维且形成互相联络的通道。肌浆网是钙离子储存库，钙离子在肌肉收缩时具有重要作用。

肌浆中存在横向联络各条肌纤维的网状系统，成为横小管。主要负责肌原纤维彼此间的联络，也确保神经冲动自细胞膜传入时，能迅速传到每一条肌原纤维。

4. 线粒体

线粒体成棒状或粒状，由内外两层膜组成。线粒体形态不同，一般为卵圆形，但受代谢状态和邻近结构如肌原纤维的影响。Ⅰ型肌纤维线粒体数量多，由氧化磷酸化供能。Ⅱ型肌纤维线粒体数量少，由糖酵解供能，它是有氧代谢的能量产出地。

5. 高尔基复合体

肌纤维内的高尔基复合体分布在肌核附近的细胞质内，其功能与蛋白质、细胞分泌物的聚积和加工有关。

6. 肌细胞核

肌细胞核呈卵圆形，排列在肌纤维周缘，肌纤维质膜膜下，平行排列。在运动终板区，肌核尤多。

7. 细胞骨架

我们的身体利用刚性的组织结构构成骨骼，为人体提供一定的形状进行运动和构成内部组织的基础。在肌纤维周边，细胞骨架增加了细胞膜的强度，以防止其在收缩和舒张过程撕裂。

8. 肌浆内的其他成分

（1）糖原颗粒

糖原颗粒主要分布于肌原纤维间和肌膜下，是肌纤维中的主要能源物质，数量多少与代谢需要有关。

（2）脂滴

脂滴较大，成均匀、圆形透明结构，含脂肪酸或甘油三酯。肌细胞内脂滴的含量、位置与肌纤维代谢需要有关，通常存在于线粒体周围，Ⅰ型肌纤维含量尤为丰富。

（3）脂褐素

脂褐素是一种具有一定密度的颗粒，肌细胞内含量较多，在衰老及部分变性过程中，脂褐素颗粒有所增加。

（4）核糖体颗粒

核糖体颗粒呈小球形，在成熟的骨骼肌纤维中很少见，通常处于游离状态。

9. 小动脉及毛细血管

肌纤维由小动脉供血，内含丰富的营养物质和氧气，并连接丰富的毛细血管。其数量与肌肉类型及训练程度有关，Ⅰ型肌纤维及经常运动者，毛细血管较多。

二、肌纤维类型

身体中并不是所有肌纤维都是一样的类型，一条骨骼肌可能含有不同收缩速度与强度类型的肌纤维，如Ⅰ型肌纤维又称慢缩肌纤维（图 2－2），Ⅱ型肌纤维又称快缩肌纤维（图 2－3）。目前已知Ⅰ型肌纤维只有一种，而Ⅱ型肌纤维又可再区分为两类：Ⅱa 型和Ⅱx 型。随着组织化学与生物化学技术的发展，运动生理学家在肌纤维类型研究领域已经取得了许多突破，到目前为止，在人体骨骼肌中发现并检测出了七种肌纤维类型，这些肌纤维从最多氧到最少氧的类型排列是Ⅰ型、Ⅰc型（Ⅰ/Ⅱa）、Ⅱc型（Ⅱa/Ⅰ）、Ⅱa型、Ⅱax型、Ⅱxa型和Ⅱx型。通常，大多数肌纤维含有50%的Ⅰ型肌纤维和25%的Ⅱa型肌纤维，余下的25%大部分都是Ⅱx，Ⅱc型仅占1%～3%。从七种肌纤维类型可知，除了主要肌纤维Ⅰ型、Ⅱa型、Ⅱx型之外，还存在混合纤维池Ⅰ/Ⅱa型、Ⅱa/Ⅰ型、Ⅱax型、Ⅱxa型，称为“杂合”肌纤维。人体骨骼肌单肌纤维存在大量两种亚型共存的现象，例如，对192根人体股外肌的分析发现，37%的纤维只含有Ⅰ型，16%的纤维只含有Ⅱa型，10%的纤维只含有Ⅱx型，而其余约37%的纤维为两种亚型共存型。对224根人体肱二头肌的分析也发现，36%±5%的纤维只含有Ⅰ型，12%±2%的纤维只含有Ⅱa型，12%±1%的纤维只含有Ⅱx，而共同含有Ⅰ/Ⅱa的纤维占6%±2%，Ⅱax的纤维比例占34%±2%。因此，这种多形态肌纤维种类的存在可能是肌纤维高适应能力的一种特性。

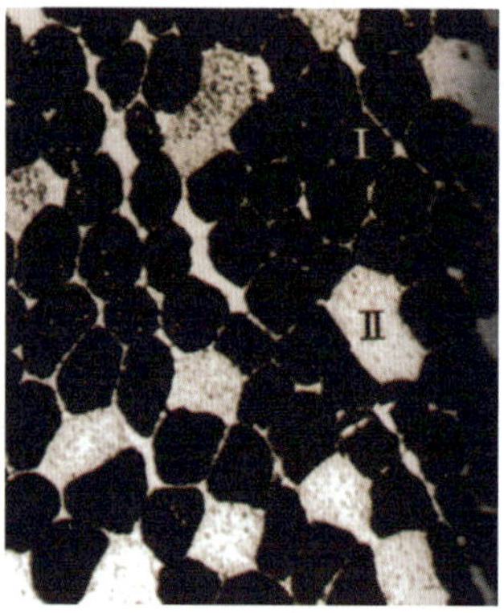

图2－2　红肌纤维占优势

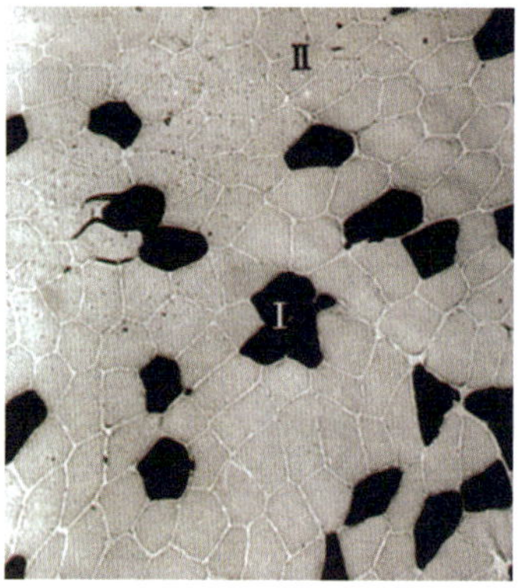

图2－3　白肌纤维占优势

不论在同一块肌肉的不同区域，在同一个人的不同肌肉，还是在不同的人体内的同一块肌肉，慢肌纤维和快肌纤维的分布都有分别，有的部位慢肌纤维比例相对较高，有的部位快肌纤维所占比例较高，不能一概而论。然而，更为重要的是要了解肌纤维的不同生理生化特性，不同肌纤维对不同的训练负荷产生的生理学适应。所以，了解肌纤维类型及特性对健美训练具有重要的实践价值。

三、运动单位募集

一个α运动神经元和其所支配的所有肌纤维组成一个运动单位，每一条肌纤维只接受一个α运动神经元的支配，而每一个α运动神经元会支配上千条肌纤维，支配肌纤维的数目依肌肉的功能而定。必须做出精细动作的肌肉，如控制眼球转动的肌肉，一个α运动神经元只支配少量肌纤维（图2－4）。而一般运动所需的肌肉，每一个α运动神经元则会控制许多条肌纤维（图2－5）。当某一运动单位的运动经神元受到刺激时，这个运动单位中所有的肌纤维几乎同时收缩，这就是全或无现象。

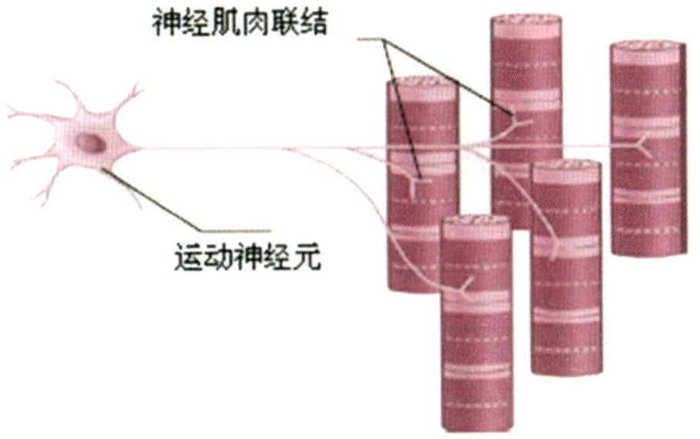

图 2－4　单一运动单位

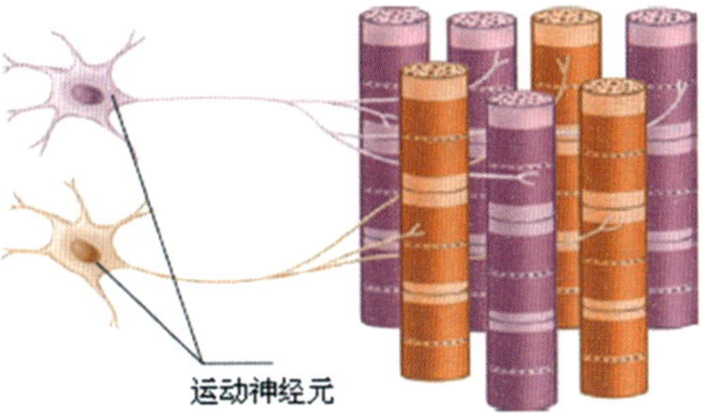

图 2－5　两个运动单位

每块骨骼肌包含许多运动单位用于收缩力量的调节。例如，当拿起一支铅笔时，因为只需要一个小小的收缩，所以只有一个运动单位被刺激。当举起一个 30 公斤的哑铃时，就需要调动数百个运动单位。这种通过增加或减少刺激运动单位的数量从而调节肌肉所付出的肌力被称为“大小原则”或运动单位募集反应。不同的募集次序是对健美训练中专门化的一种响应，这与所谓的运动神经元调用的“大小原则”有关。以肱二头肌为例，假设共有 200 个运动单位，从 1～200 号进行排列，如果需要执行一个极度精细而较小力量的动作时，1 号运动单位被募集。当需要的力量增加时，第 2、3、4 号运动单位会逐步被募集。达到最大收缩状态时，几乎所有的运动单位都会被募集。运动单位募集理论有三个主要的前提条件：

◎ 运动单位募集次序是由“大小原则”决定的。

◎ 只有被募集的运动单位受到训练。

◎ 被募集的运动单位已经疲劳或者受到训练但它们没有达到疲劳。

在一个标准的练习组中，Ⅰ型肌纤维会首先被募集，随着力量的增加，Ⅱ型肌纤维才逐渐被募集，这就是为什么必须要求健美练习者要竭尽全力做完最后几次的主要原因。如果一名健美练习者可以举起一个杠铃 12 次，但是仅仅举起 10 次，那么，这个练习组是无效的，或者认为受到训练但它们没有达到疲劳。所以，最快的肌肉增长取决于所有肌肉纤维类型的最大化发展，这就是对大多数人来说单次极限试举无法产生太大的围度增长的原因，就是它只能训练一种或两种肌肉纤维类型。为了最大限度地增长肌肉，必须训练和发展全部的肌纤维类型，尽可能募集更多的运动单位。但是，必须说明的是，同一运动单位的肌纤维类型都是一致的。所以，在一个运动单位中不可能同时发现Ⅰ型肌纤维和Ⅱ型肌纤维，也就是说，如果产生一个特定的力，每次都会募集同样的运动单位，在实际训练中就是肌肉在接受一组训练负荷的刺激是不可能募集所有运动单位的（图 2－6）。

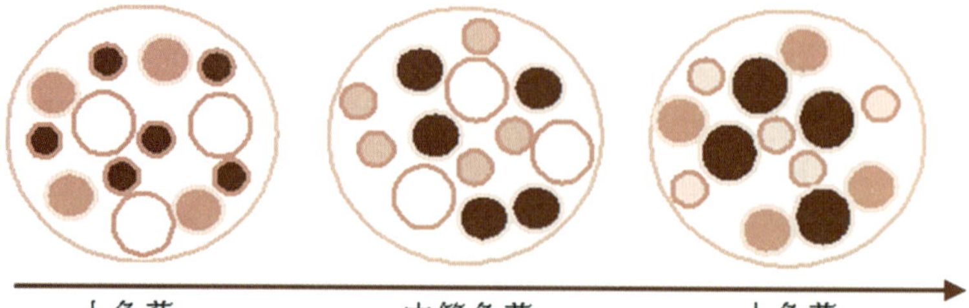

图2－6　肌纤维募集原理

四、肌肉肥大的生理学机制

健身健美训练的生理学适应主要表现在肌肉肥大方面，是健身健美训练的典型表现（图2－7）。肌肉肥大可分为暂时性和长期性两种，暂时性肥大是指单次运动中或运动结束后即刻的肌肉体积增大，这主要是由来自血浆中的体液聚集（水肿）于细胞间质和细胞内所导致的。暂时性肥大，其持续时间是很短的，因为体液将在运动后数小时内重新回到血液中去。长期性肥大是指长期抗阻力量训练所导致的肌肉体积增大，它反映了现有单根肌纤维体积的增大（纤维肥大）、纤维数量的增多或两者共同导致的实际肌肉结构变化。试图阐释这一现象内在原因的理论尚存在争议，但重要的一项发现是训练的离心部分对肌纤维横截面积最大程度增加而言是至关重要的。大量的研究表明，单纯离心收缩训练或向心收缩训练与向心收缩和离心收缩训练结合相比，后者导致的肥大和力量增长水平要更高。

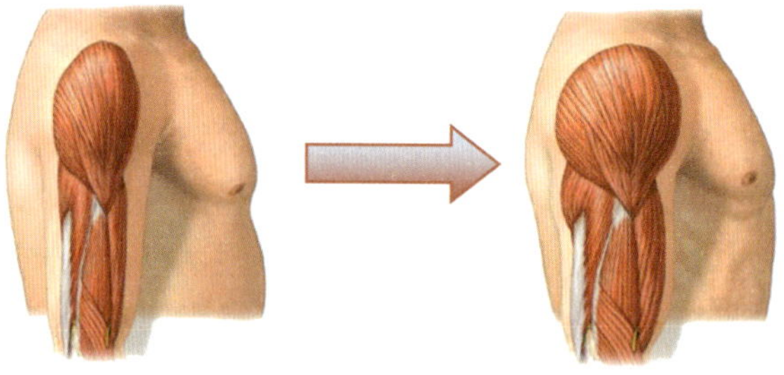

图2－7　健美训练产生的肌肉肥大现象

多年来，生理学家对对肌肉肥大机制进行了广泛的研究，归纳起来主要有两个方面：纤维肥大和纤维增生。

（一）纤维肥大

肌纤维功能性肥大主要是由肌质的肥大和肌纤维的肥大所构成（图2－8）。肌质的功能性肥大是由肌质（肌纤维间的半流体物质）的生长和非收缩蛋白（它并不直接对肌力产生做出贡献）增加作为特征的。特别是，由于在肌纤维中肌丝面积密度减小，虽然肌纤维的横截面积增加，但是肌肉力量没有伴随着增加。肌纤维的功能性肥大是肌纤维的一种增大，因为它获得了更多的肌原纤维，相应的，获得了更多的肌动蛋白和肌凝蛋白细丝。纤维的这两种功能性肥大显示程度是不同的，绝大多数的肌原纤维的功能性肥大是在优秀举重运动员身上发现的，而肌质的功能性肥大是典型的健美运动员训练的结果。而健美运动员关注的是既引导肌质功能性肥大，又应通过不同方案来刺激收缩蛋白肌原纤维的合成和增加。所以，在设计健身健美训练方案时，既要考虑对肌质功能性肥大的训练方案，又要考虑对肌纤维功能性肥大的训练方案。

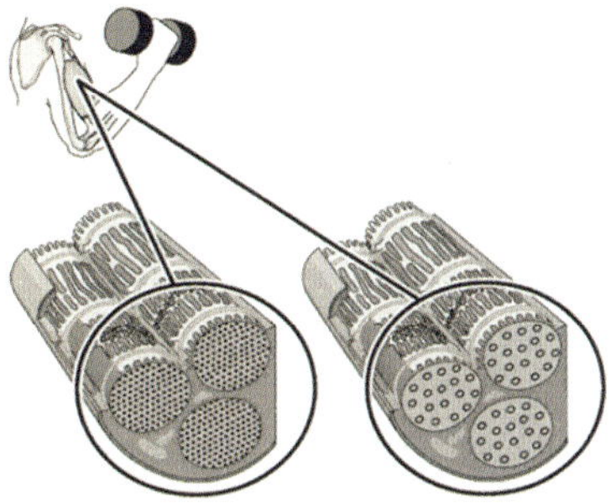

图2－8 肌质和肌纤维功能性肥大

（二）纤维增生

多数证据显示，单根纤维肥大对大部分肌肉的肥大都有作用；但也有研究表明，对人体而言，则可能是由纤维增生所造成的。这些新肌纤维究竟是怎样形成的，最近确认卫星细胞，即涉及骨骼肌再生的肌源性干细胞也可能与新肌纤维的生成有关。人在出生后，如果有骨骼肌细胞因为受伤而遭受损坏或死亡，将无法由其他的现存肌纤维细胞进行分裂而取代。但骨骼肌是适应性非常高的细胞，这种未分化干细胞在正常情况下处于休眠状态，安静地位于肌细胞膜与外围的基底膜之间，当肌肉受损、坏死或负荷过重时，卫星细胞就会被激活，开始分裂、增殖（有丝分裂）、分化（功能蛋白的表达）并融合成多核，最后形成再生肌纤维，不然就与受压或受损的肌细胞愈合，进行强化及修复任务（图2－9）。到目前为止，大量研究证实了卫星细胞对骨骼肌创伤后肌纤维的再生和修复起着重要的作用，说明卫星细胞形成骨骼肌细胞的能力相当强，这也进一步证实了卫星细胞的活化似乎是健美训练引起的肌肉生长的重要机制。但是，尚需测定阻力训练在多大程度上能引起肌纤维肥大。

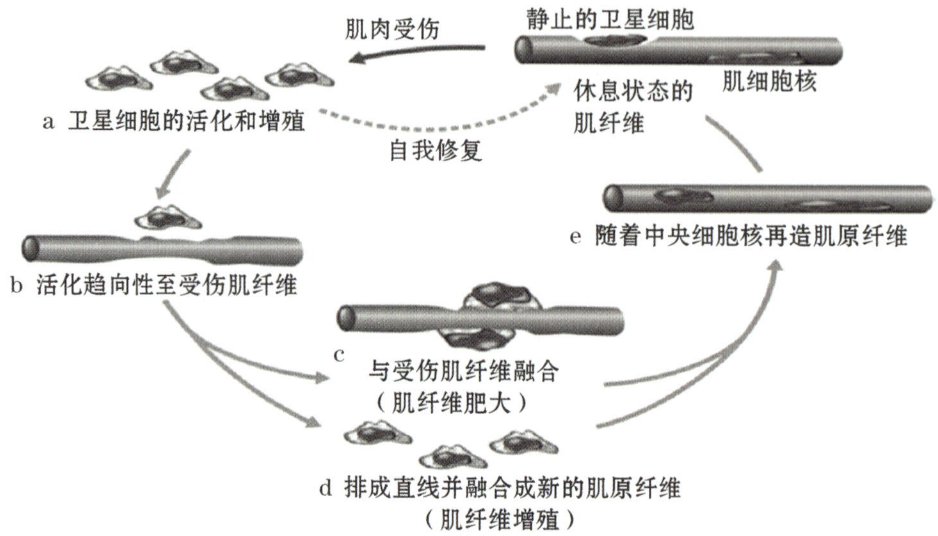

图2-9 肌肉损伤后卫星细胞的应激

a 肌肉损伤导致卫星细胞激活和增殖；b 卫星细胞迁移到损伤区域；c 溶解损伤肌纤维；d 排列并融合后生成新的肌纤维；e 两者都导致再生成新肌纤维。

五、健身健美训练的能量代谢机制

支撑身体运动是通过肌细胞内一种称之为三磷酸腺苷的高能复合物而获取能量，它储存在肌肉细胞内。三磷酸腺苷（ATP），是由一个腺苷分子和三个磷酸盐分子构成，肌肉收缩所需的能量是由高能物质的三磷酸腺苷转化为二磷酸腺苷＋无机磷酸盐（ADP＋P）。如果一个磷酸键被打破，使二磷酸腺苷（ADP）和无机磷酸盐（P）分裂，那么就会释放能量。三磷酸腺苷在肌肉里储存的数量是有限的，因此，必须不断地补充体内三磷酸腺苷的储量来保证身体的运动需要。因此，所有其他的肌肉做功都要求首先重新填满已清空的ATP储备。否则，无论两秒以上的负荷运动还是几个小时的耐力负荷都无法进行。为肌肉充电（ATP储备更新）有多种可能，除了时间过程外（充电的速度），还受负荷强度与持续时间的制约。细胞内通过三个不同的系统产生ATP，具体包括磷酸原（ATP－CP）系统、糖酵解系统及有氧代谢系统（图2－10）。

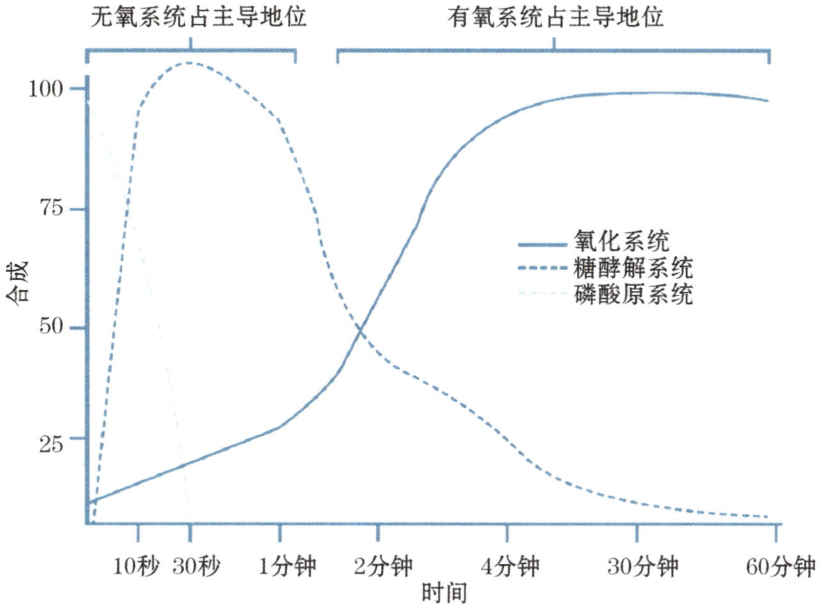

图 2－10　能量系统

（一） 磷酸原系统 （ATP－CP）

细胞内除储存少量 ATP 外，还有另一种高能磷酸分子—磷酸肌酸或 CP（有时也称为肌酸磷酸）。与 ATP 可自由供能不同，磷酸肌酸分解释放的能量不能直接用于细胞的工作，而是用来重新合成 ATP，以维持相对持久的能量供应。像短跑这样的大强度运动，在其最初的几秒内，ATP 含量维持在一个相对不变的水平，但磷酸肌酸含量却不断下降，因为其要补充消耗的 ATP。力竭时，ATP 和磷酸肌酸含量均显著降低，以至于不能继续提供能量来维持肌肉的收缩和舒张。因此，分解磷酸肌酸来维持 ATP 含量的作用是有限的。体内储存的 ATP 和磷酸肌酸，仅能提供全速奔跑 3～15 秒的能量供应，超过这个时间以后，肌肉将通过糖酵解和有氧氧化产生 ATP 供能。所以，在发展最大力量训练时，磷酸原是主要的供能系统。磷酸原储量的补充过程通常极为迅速，只需 30 秒人体的三磷酸腺苷（ATP）水平就可以恢复 70%，而完全恢复则需要在运动后 3～5 分钟。

（二） 糖酵解系统

第二种无氧供能系统是糖酵解系统，它是一种在多数运动中普遍运用的能量系统，持续时间约为 20 秒～2 分钟。糖酵解系统的主要能源消耗来源于血糖和糖原存储的分解。最初，大部分的三磷酸腺苷是由快速糖酵解供给，最大无氧做功的时间为 40 秒左右。而当运动持续近 2 分钟后，三磷酸腺苷供给主要来自慢速糖酵解。

快速糖酵解会导致乳酸生成，而乳酸又被迅速转化为乳酸盐。当糖酵解反应发生的速度过快时，人体将乳酸转化为乳酸盐的能力会减弱，这时乳酸会开始逐渐堆积，造成人体出现疲劳反应，进而最终导致运动的停止。乳酸的堆积在那些重复性的高强度运动中极为普遍，尤其是只有短暂休息间隔的运动项目。一项对学生的实际测试和研究中发现，如果采用75%的1RM进行测试，上肢的测试动作是平卧杠铃卧推，完成该强度练习的次数平均是10次左右，以每次4秒计算，完成一组所需时间大约在40秒左右，而下肢测试的动作是杠铃深蹲，完成该强度练习的时间大约在50秒左右，因为在这个40~50秒的能量供应区间，糖酵解占最主要的供能方式。生长荷尔蒙是肌肉合成代谢激素的重要机制，而生长荷尔蒙与乳酸浓度有直接的关系，因此，乳酸系统占主导的高容量训练之所以能够产生更大的肌肉增长，这可能是主要原因之一。

（三）有氧供能系统

与糖酵解系统相似，有氧供能系统也能利用血糖和肌糖原生成ATP。与快速糖酵解系统不同，有氧供能系统不能在葡萄糖和糖原分解后产生乳酸。另外，有氧供能系统还能利用脂肪和蛋白质生成ATP。运动员休息时，有氧供能系统获得的70%的ATP是从脂肪氧化反应中得来，30%的ATP来自碳水化合物氧化反应。布鲁克斯（Brooks）及其同事提出了一种被称为交叉概念的理论，认为低强度运动主要从脂肪和部分碳水化合物的氧化过程中获得ATP，随着运动强度的加大，用于产生ATP的碳水化合物消耗量增大，脂肪的使用率会下降，这进一步说明了高强度的运动是以碳水化合物作为主要能量源。有氧供能系统是持续时间在2分钟至大约3个小时的运动项目产生ATP的主要来源。相反，少于2分钟的运动依靠无氧方法来提供ATP。

健美教练员和运动员需要了解为训练和运动提供能量的生物能量机制，因此，可以建立一个运动员以人体生物能量学为基础的运动范例，这被称为生物能量特异性（图2－11）。教练员和运动员可利用运动的生物能量分类来建立针对具体健身运动的有效训练方案。运动的生物能量分类是建立在运动的持续时间和强度及用于运动的能量基础上的。在实践中，原则上不是肌肉组织决定用这种或那种能量形式，而是根据健美训练的目标来调整三种能量代谢系统的比例。以发展最大力量为目标的训练每组时间控制在3~15秒以内，也就是在大重量低次数范围内进行训练。以肌肉肥大为目标的健美训练项目多数是在中等负荷下完成的练习，所以，每一组练习时间大约在30~70秒左右。如果是以减缩脂肪为目标的健美训练，训练时间相对要长一些，这不仅仅包括一次练习课，也指在每一组训练中的时间。

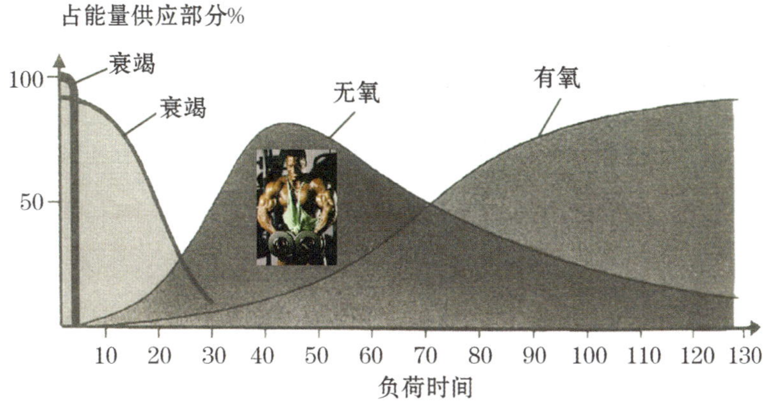

图 2 – 11　不同时长身体最大负荷时能量供应的过程

第二节　健身健美训练的生物力学基础

为了深入了解人体的运动，健身健美练习者必须了解肌肉骨骼系统的基础生物力学。学习这些知识可以更好地用于确定训练动作的合理性和规范性，明确肌肉刺激重点，优化动作结构，提高训练效率及预防运动损伤。对健身健美练习者或健身教练，生物力学基础知识是必须掌握的，因为它帮助健身教练提高制定安全有效运动计划的能力。

一、杠杆系统

杠杆系统包含骨、关节和骨骼肌，在体育或健身训练中直接涉及到的身体活动都是通过杠杆来发挥作用的。当一个刚性的杆（杠杆）绕一个固定点（支点）转动时就会产生杠杆作用。日常生活中每天都有很多地方在利用杠杆作用，门上的合页充当了支点，而门本身就是一个杠杆，开瓶器也是一个杠杆，同样千斤顶也是。我们在设计练习动作的同时，需要考虑这个动作对目标肌肉的刺激效果以及它的力学优势，这不能简单理解为一个动作，而是一个动作的许多变化。一般来说，杠杆是一个由横挂在支点上的硬杠所构成的简单机械（图 2 – 12）。一个杠杆有三个点：力点、支点和阻力点。在骨杠杆中，关节是支点，肌肉的起止点为力点，环节重心或负荷作用点为阻力点。要掌握杠杆系统，还必须了解动力臂、阻力臂、力矩和阻力距等概念。

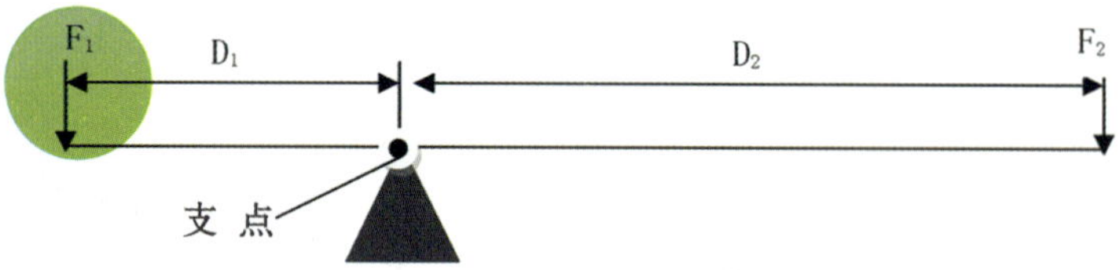

图2－12　杠杆系统

◎ 支点：杠杆绕着转动的点叫支点。

◎ 力点：动力作用点叫力点，在骨杠杆上是肌肉附着于骨上的动点。

◎ 阻力点：阻力作用点叫阻力点。在骨杠杆上是阻力或运动环节的重力（空手时），或是其他物体的阻力，或是对抗肌的张力，或是韧带和筋膜的牵拉阻力等。不管有几种阻力，它们在杠杆上的阻力点只能用一个点来表示，即全部阻力的合力作用点。

◎ 动力臂：从支点到肌肉拉力线的垂直距离叫动力臂，即 D_2。

◎ 阻力臂：从支点到阻力作用线的垂直距离叫阻力臂，即 D_1。

◎ 力矩：力对物体的转动作用大小，决定于力和力臂的乘积，叫做力矩。

◎ 动力距：肌肉拉力与动力臂的乘积，即 $F_2 \times D_2$。

◎ 阻力距：阻力和阻力臂的乘积，即 $F_1 \times D_1$。

二、杠杆的分类

人体内的骨杠杆依据支点、力点和阻力点三者的位置关系不同，可以分为平衡杠杆、省力杠杆和速度杠杆三类（图2－13）。

（一） 平衡杠杆

在人体内可以将头与颈椎的连接作为平衡杠杆的例子。肌力和阻力位于支点的两侧。

（二） 省力杠杆

站立时足掌与足系统可作为省力杠杆的例子。肌力和阻力位于支点的同侧，肌肉力的动力臂比阻力臂长，它能以较小的力克服较大的阻力。

（三） 速度杠杆

肱二头肌弯曲前臂的动作可以作为速度杠杆的例子。动力和阻力位于支点的同侧，动力的力臂比阻力短，必须以较大的力克服较小的阻力。速度杠杆是肌肉骨骼系统最常使用的杠杆。

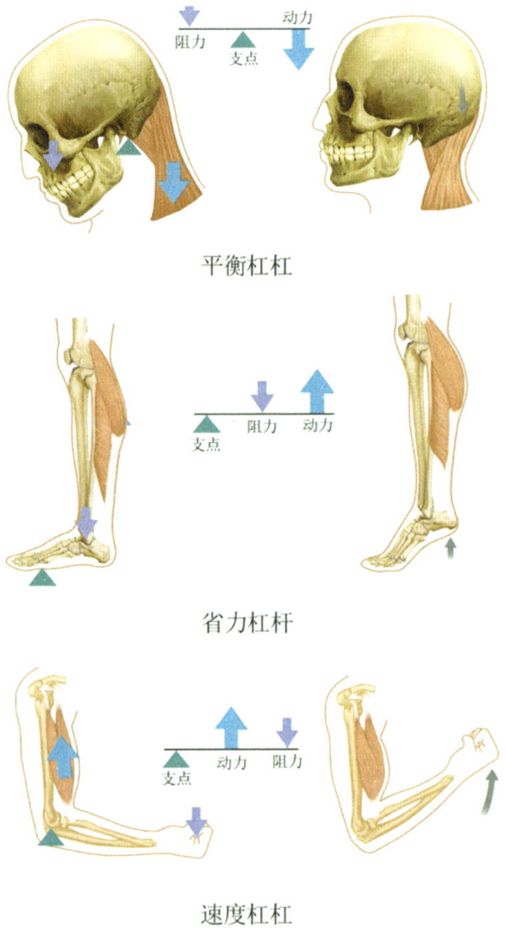

图2－13　三种骨杠杆类型

三、杠杆原理在健身健美训练中的应用

（一）肌力（力矩）曲线

练习过程中肌力的大小会因关节活动范围位置不同而变化，最大力矩与作用力大小取决于关节位置，这个可以通过实际的健身健美练习动作来说明。在动作的某个区域会感到很容易，也有特定的位置感到最困难。当手拿重物的时候，关节产生的力矩就等于物体重量乘以重力与支点的水平距离。尽管在一次弯举过程中，重量不会发生变化，但是水平距离却不断改变的。如果重物在水平上远离身体关节，那么重力就会产生更大的力矩，当重物在水平上靠近身体关节的时候，重力产生的力矩就会变小。例如，在站姿杠铃弯举练习中，当前臂水平的时候，哑铃与肘关节的水平距离最大，这时训练必须产生最大的肌肉力

矩，才能使物体继续升高。当前臂在水平位置的时候，阻力臂最大，如果产生向上或向下的运动时，阻力臂就会减小。当物体位于肘关节的正上方或正下方的时候，不产生阻力矩，因为重力的水平力矩为零，重力对肱二头肌不会产生刺激（图 2－14）。

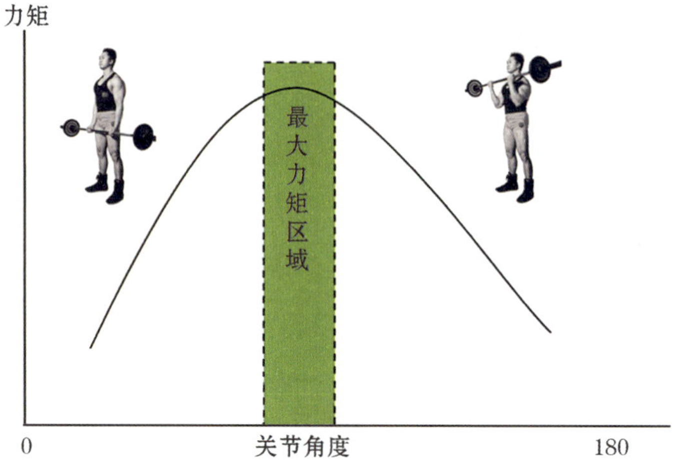

图 2－14　肌力（力矩）曲线

（二） 增大阻力的方法

在健身健美训练中，除采用增加重量增大阻力的方法外，还使用增加阻力臂的方法。身体环节中心与关节水平距离越大，阻力臂就越大，肌肉就需要产生更大的力来完成所需的动作。例如，在做两臂侧平举时，三角肌的力臂是很短的，而手臂的阻力臂是很长的。如果运动员选择 10 公斤的哑铃做侧平举，手臂摆放不同位置时，动作就会变得简单或困难，直臂要比屈臂感到更吃力。假设在两种情况下肌力是相同的，屈肘举起哑铃时阻力臂变短，屈肘举起的次数会多于直臂举起的次数。了解身体位置与阻力距之间的关系可以更好调节动作的难易程度，这将改变过去“只有大重量才能刺激肌肉生长的错误观念”。

（三） 减小阻力的方法

运动方式可以影响阻力矩的形式，并且转移肌群之间的压力。例如，杠铃深蹲动作训练，如果躯干过度前倾，那么重力与髋关节之间的水平距离就会增加，从而增加了阻力矩，这时臀大肌和腘绳肌就必须产生很大的力来抵消阻力矩，其结果是竖脊肌压力增加，重力与膝关节的水平距离减小，膝关节和股四头肌压力减小。在深蹲动作过程中，上身过度前倾，这种错误的动作会加大腰部的压力，有可能增加腰部损伤的风险（图 2－15）。因此，为了防止这种现象发生，练习者可以通过减小阻力臂的方式来减轻腰部的压力，实际动作是通过上身挺直来减轻腰部的压力（图 2－16）。史密斯训练器是一个多功能的健身训练器材，杠铃是沿着固定轨迹运动的。在做深蹲动作时，如果希望减轻背部的压力，可以将脚的位置向前移动来改变水平力矩的大小。当脚向前的时候，躯干更加竖直，这会减小下背部的水平力矩，从而减小背部肌肉的力矩，使股四头肌承担更多的工作。

图 2－15　错误的深蹲动作

图 2－16　规范的深蹲动作

第三节　健身健美训练的营养学基础

健身健美训练和营养是不可分开的两个部分，强调一方面而忽略另一方面都不会使锻炼者获得最佳的结果。营养的基本知识是相对简单的，了解健身健美训练的具体需求，并将这些基本知识运用到训练中去，才是最重要的。如果要设计一个科学的营养膳食计划，健美练习者就必须多掌握营养的基础知识，如蛋白质、碳水化合物、脂肪、维生素、矿物质、水、纤维素等营养元素。很有必要了解吃哪些食物，吃多少才能保证得到这些营养的必要供给。除此之外，也必须注意这些营养的平衡，一种营养需要多少，其他的营养又需要多少。如果饮食中不能包含身体恢复所需的所有营养成分，这将会影响健身健美训练的整个进程。

一、蛋白质

蛋白质是所有生物细胞的基本构成物质，人体蛋白质含量仅次于水分。氨基酸是组成蛋白质的基本单位，大约有 25 种氨基酸以不同的方式组合在一起，构成不同种类的蛋白质，以建造我们的细胞和器官。当体内的蛋白质被分解时，生成的氨基酸被氧化供能生成 CO_2 和 H_2O，氮随尿液以尿素的形式排出体外。蛋白质不能在肌肉中储存起来，必须不断地按时补充，这就是为什么要把每天所摄入的蛋白质分 5～6 次补充并且每隔 3 小时左右摄入定量蛋白质的主要原因。当饮食中额外增加蛋白质的补充时，多余的氨基酸也能够氧化供能，额外的氮以尿素的形式排出体外。对于经常参加训练的健身健美运动员，还要了解一个简单道理：肌肉吸收蛋白质的量是有一定限度的，就像给茶杯倒水一样，一旦茶杯满了，再往里面倒水也不会有什么益处。

（一）蛋白质的作用

蛋白质的空间结构和氨基酸的排列顺序决定着其在机体中的作用，主要包括以下几个方面：

◎ 蛋白质作为身体生长和肌肉组织修复的构建材料，是一切细胞的结构组成部分，如皮肤、筋腱、韧带、膜、肌肉、器官和骨骼的核心成分，支持机体生长和更新。

◎ 蛋白质作为酶类，体内4000种以上的酶都属于蛋白质类，它的催化作用差不多主宰了主要的物质代谢，同时可以修复和构建身体组织，尤其是肌肉。

◎ 蛋白质形成与能量代谢有关的激素，如胰岛素、胰高血糖素、肾上腺素，没有各种激素，无法启动人体的各种机制，大部分激素是由蛋白质及其系列物质所构成的。

◎ 蛋白质与核酸是人类各种细胞自我复制无法代替的物质，也是人体中基因表达的最重要的物质。

◎ 蛋白质是人体活动之源，尤其是在碳水化合物摄入不足、糖储备较低和能量供应不足的情况下。

◎ 蛋白质是体内重要营养与活性物质的运载工具，如运载脂肪酸要用脂蛋白，运载维生素要用其专一的运载蛋白等。

◎ 人体的免疫物质基本上是蛋白质及其衍生物，也包括细胞免疫中的免疫细胞，如T淋巴细胞与白细胞，实际上都是由蛋白质为主构成的，当然也有脂类的参加，这是非常重要的。

◎ 蛋白质能够保持水分和电解质的平衡。

◎ 蛋白质协助保持酸碱平衡。

（二）蛋白质的种类

人体通过摄入蛋白质以获取合成机体蛋白质（人体肌肉）所需的各种氨基酸。所有的蛋白质是由二十几种不同的氨基酸组成。每一个氨基酸都在一端有一个氨基（NH_3），另一端有一个羧酸基，中间是碳链，氨基酸电荷和结构的不同影响着它们形成的蛋白质的形状和功能。氨基酸可分成三组：

1. 必需氨基酸

人体不能合成或合成速度远不能满足机体的需要，没有它们，机体就无法合成所需的蛋白质，必须从膳食或运动营养品补充，这些氨基酸称为“必需氨基酸”。人体必需氨基酸9种：亮氨酸、异亮氨酸、赖氨酸、蛋氨酸、苯丙氨酸、苏氨酸、色氨酸、缬氨酸、组氨酸。虽然组氨酸仅仅对婴幼儿是必需氨基酸，但是成年人也是需要一部分的。

2. 非必需氨基酸

非必需氨基酸并非体内蛋白质合成不需要，而是人体内可以合成，当总氮量不足时，体内合成非必需氨基酸会受限制，从而制约人体蛋白蛋（人体肌肉）的合成。这些氨基酸是丙氨酸、精氨酸、天门冬氨酸、半光氨酸、天冬氨酸、谷氨酸、谷氨酰胺、甘氨酸、条件氨基酸、脯氨酸、丝氨酸、酪氨酸。

3. 一些特殊氨基酸

别异亮氨酸、瓜氨酸、高半胱氨酸、羟（基）赖氨酸、羟（基）脯氨酸、3－甲基组氨酸、乌氨酸。

（三）健身健美练习者蛋白质摄入量建议

每日蛋白质摄入量由练习者自身决定的，取决于身体类型、活动强度、年龄、身高、体重和训练计划等，即使是相同的体重，如果身体成分相差较大，对蛋白质的需求也会有很大的差异。具体摄入量推荐值可以参考表2－1。在保证摄入量的同时要考虑蛋白质的质量，优质的蛋白食品，其氨基酸的含量应该是均衡的。包括：鱼类（包括三文鱼、金枪鱼等）、鸡胸肉、瘦牛肉、火鸡肉、脱脂牛奶、鸡蛋、大豆、乳制品等。

表2－1　健身健美练习者蛋白质摄入量推荐值

	保持期及训练初期	推荐值	赛季	不推荐
每日蛋白质摄入量（克/公斤体重/天）	1.0～2.0	2.0～3.0	3.0～4.5	>4.5

二、碳水化合物

碳水化合物是健身活动的主要能量来源，为合成糖原提供底物。在绝大多数植物食品，尤其是水果和谷物类中含量丰富。食物中的碳水化合物不论分子大小如何，一旦被机体摄入，就在胃和肠道被分解为最小的单元，通常是葡萄糖。葡萄糖被吸收入血液并运转到肌肉和其他组织，进一步分解产生能量。如果葡萄糖不需要马上用于提供能量，就会以糖原的形式储存于肌肉和肝脏。机体储存糖原是有限度的，一旦储存在肌肉和肝脏里的糖原满了，多余的葡萄糖就将转化为脂肪。碳水化合物摄入量取决于总能量的摄入、体形、健康状况和运动的持续时间、强度和方式。

（一）碳水化合物的作用

碳水化合物是人体内主要的能源物质，是机体生存的主要原料，对某些重要的生命器官是主要的能源物质。对于运动人体来看，碳水化合物具有如下的作用：

◎ 组成身体成分。

◎ 提供机体所需的能量。

◎ 维持大脑功能必须的能源。

◎ 调节脂肪代谢。

◎ 节约蛋白质的作用。

◎ 增强肠道系统功能。

（二）碳水化合物的分类

食物中的碳水化合物一般被分为由单糖、双糖和低聚糖组成的简单碳水化合物和由淀粉、纤维素组成的复合碳水化合物。大多数的这些碳水化合物都存在于天然食物中，而其他一些碳水化合物例如高果糖谷物糖浆，是经过工业加工制成的，通常在加工食品中被用作甜味剂。不同形式的碳水化合物在机体内吸收和氧化的速率是不同的。根据其形式及其数量可分为四种类型的碳水化合物：

1. 单糖：单糖是糖的最简单的形式，如果糖、葡萄糖、半乳糖。

◎ 葡萄糖：血液中主要的碳水化合物，肝脏、肌肉和其他器官储存糖原的来源。细胞中主要的碳水化合物的能量来源。

◎ 果糖：主要存在于水果和蜂蜜中的单糖。果糖比常见的食用糖（蔗糖）要甜一些。它是通过葡萄糖载体 5（GLUT5）被小肠吸收的，必须被转运到肝脏内转变成葡萄糖。

◎ 半乳糖：牛奶中简单的单糖。

2. 双糖：双糖是由两个单糖组成的糖。如蔗糖、乳糖、麦芽糖。

◎ 蔗糖：常见的食用糖。由一单位的葡萄糖和一单位的果糖组成。蔗糖是从甘蔗和甜菜中提取出来的。蔗糖是我们饮食中最常见的双糖。它在小肠中被转化成葡萄糖和果糖。

◎ 乳糖：奶制品中发现的糖，由一单位的葡萄糖和一单位的半乳糖组成。许多成年人不能吸收这种糖，这种症状被命名为乳糖不耐症，这是因为他们缺乏乳糖酶。

◎ 麦芽糖：由两单位的葡萄糖组成。这种糖是由淀粉分解产生的。快速地被消化成葡萄糖，然后快速的被身体吸收。吸收率与食用葡萄糖类似。

3. 低聚糖：低聚糖是由 3 ~ 10 个糖苷键聚合而成的化合物。

◎ 麦芽糊精：由长链淀粉水解而成的一种葡萄糖聚合物，这种糖在运动饮料和加工食品中很常见。和麦芽糖一样，麦芽糊精快速水解成葡萄糖被吸收。

◎ 玉米糖浆：一种由葡萄糖和短链的葡萄糖聚合物组成的甜的糖浆，由玉米淀粉水解产生。和麦芽糊精一样，玉米糖浆快速被消化，以葡萄糖为单位被吸收。

◎ 高果糖谷物糖浆：一种特别甜的谷物糖浆，45% ~55% 的碳水化合物是被水解成单葡萄糖和果糖。高果糖玉米糖浆的粘性低于传统的玉米糖浆，但是其单糖和双糖的浓度却接近普通玉米糖浆的两倍。目前它是工业甜味食品中主要的甜味剂。

4. 多糖：多糖是指食物中所含有的淀粉和纤维素。这些常常被称为复合碳水化合物。

◎ 淀粉：存在于植物的种子和根茎中。淀粉是由直链的葡萄糖聚合物称为直链淀粉和一些支链聚合物称为支链淀粉组成的。复合碳水化合物主要由淀粉和纤维素构成，淀粉被消化分解成葡萄糖。淀粉在小肠内的消化程度是可变化的，一些淀粉在小肠中没有消化就进入了结肠。含有较多直链的淀粉比含有较多支链的淀粉消化得更快。

◎ 饮食中的纤维素：植物中的一部分，不能被肠道中的酶分解。饮食中的纤维素通过小肠进入结肠，被作为粪便排出或者被发酵进而作为肠道中细菌食物的来源。这样，一些纤维素就在结肠内被分解。高纤维素的膳食通常可以增加粪便的数量和引起胃肠胀气。

（三）健身健美练习者碳水化合物摄入量推荐值

◎ 2000 年制定的中国居民膳食营养素参考摄入量中碳水化合物应占总能量的 55% ~65%。

◎ 健身健美训练者，每天每千克体重至少摄入 4 克碳水化合物，而增肌困难者应增加到每天每千克体重摄入 6 克碳水化合物。如果保持肌肉体积不变，每天每千克体重摄入 2 ~4 克。如果想减少体脂，只能每天每千克体重摄入 1 ~2 克碳水化合物（表 2 –2）。

表 2 –2　健身健美练习者碳水化合物摄入量推荐值

	减脂期	赛季	推荐值（平时训练周期）	增肌困难者
每日碳水化合物摄入量（克/千克体重/天）	1.0 ~2.0	2.0 ~4.0	4.0 ~7.0	7.0 ~10

三、脂　肪

脂肪是人体内含量最多的燃料，是安静和运动时不可缺少的供能物质。脂肪作为燃料可产生大量热量，可以提供 9kcal/g，是蛋白质和碳水化合物的两倍。正常人体组织中脂类占总体重的 14% ~19%，主要分布在皮下及内脏器官周围，绝大多数以甘油三酯的形式储存于脂肪组织中。由于大部分脂肪储存在脂肪组织，不容易获取作为肌肉运动的燃料。脂肪要用作燃料，必须首先分解成脂肪酸，通过血液循环从脂肪组织转运到肌肉，然后穿过肌肉细胞膜，最后进入线粒体。脂肪酸只有在线粒体内才能被进一步分解，为肌肉提供合成 ATP 所需的能量。由于这个过程较慢，因此，脂肪代谢供能只能用于低、中等强度的运动。

（一）脂肪的作用

脂肪是人体三大产能营养素之一，是机体所必需的营养元素，在提供能量方面具有重要的价值：

◎ 为我们的身体储存和提供能量，并在肌肉工作时作为燃料。

◎ 脂肪构成身体成分，是生命的物质基础。

◎ 脂肪是细胞膜的成分，也是脑和脊髓组织的成分。

◎ 脂肪储存于脂肪组织中作为身体保护的缓冲垫并保护着我们的脏器。维持体温，减少热量散失，维持体温恒定。

◎ 脂肪也为机体提供必需脂肪酸和脂溶性维生素（维生素 A、D、E、和 K）。这些必需脂肪酸（亚油酸和 α－亚麻酸）是机体中许多调控物质（如激素）的前体。

◎ 可以促进脂溶性维生素的吸收。

（二） 脂肪的分类

食物及人体中的脂类分为三类，其中的95%是甘油三酯，另外两种是磷脂和固醇。不同种类脂肪的结构单位都是脂肪酸，而食物中的脂肪酸影响人体内脂肪的组成。脂肪酸主要有三种类型：饱和脂肪、单不饱和脂肪和多不饱和脂肪。通常，大部分饮食中的脂肪与油脂，均混合着这三种脂肪酸，而其中的一种脂肪酸会占有较高的比例。饱和脂肪一般在常温下呈固态状，并在肉（如猪油、鸡油）和乳制品中含量最为丰富。单不饱和脂肪在室温下呈液态，在植物油如橄榄油、花生油、芥花籽油和菜籽油中浓度最高。多不饱和脂肪在某些植物油特别是玉米油和豆油中最为丰富，在种子（葵花籽油）、全谷类食物和偏肥型鱼（如鲑鱼和金枪鱼中含量也非常丰富）。含有不饱和脂肪酸的食品，尤其是含单不饱和脂肪酸的食品，对于健身健美爱好来说是非常必要的。欧米加－3 脂肪酸主要存在于鱼类（三文鱼、金枪鱼、沙丁鱼、凤尾鱼、鲭鱼）和亚麻仁油（亚麻子、大麻子、南瓜子）中，它对于肌肉组织的合成和创造出良好的激素环境是非常重要的。其他的不饱和脂肪酸，包括那些存在于橄榄、鳄梨、坚果、种子和橄榄油中的不饱和脂肪酸，也为练习者训练后的恢复提供重要营养基础（表 2－3）。

（三） 健身健美练习者脂肪摄入量推荐值

正常人的饮食中脂肪的摄入量不应超过总热量摄入的30%。经常健身人群每天脂肪的建议摄入量占总热量的20%～35%，来自于饱和脂肪酸的能量应少于10%，保证含有单不饱和脂肪酸（如橄榄油、菜籽油）和多不饱和脂肪酸（如菜籽油、大豆油、鱼和玉米油）。偏向于低脂肪膳食的健身健美运动员应该谨慎确保他们摄取了足够量的脂肪，食物脂肪低于总能量的15%可能减少睾酮的分泌，从而影响肌肉的合成环境。研究人员对不同成分百分比的饮食结构对体内激素水平的影响进行了试验，其脂肪含量从极低的10%到很高的40%。他们发现，比较合适的范围大约在25%～30%之间。而且如果从脂肪含量极低的饮食结构（10%左右）转变到稍高一些的脂肪摄入，其效果会更好（表 2－4）。

表 2－3　日常所需食物的脂肪酸占总脂肪酸的百分比

食物	饱和脂肪酸	单不饱和脂肪酸	多不饱和脂肪酸
黄油、冰激凌、牛奶	65	30	5
牛肉	46	48	6
腊肉和猪肉	38	50	12
猪油	42	45	13
鸡肉	33	39	28
鱼	29	31	40
椰子油	92	6	2
果核油	86	12	2
可可脂	63	34	3
橄榄油	15	76	9
花生油	20	48	32
棉花籽油	27	20	53
豆油	16	24	60
食用玉米油	13	26	61
向日葵籽油	11	22	67
红花油	10	13	77

表 2－4　健身健美练习者脂肪摄入量推荐值

	赛季	推荐值（平时训练周期）	不推荐
脂肪占总热量比例%	5～10	15～35	40～50

四、矿物质

矿物质分为钙、镁、钾、钠等宏量元素，以及铁、锌、硒、铬等微量元素。矿物质虽然比重较小，但作用巨大，它们在人体整个新陈代谢、增加肌肉组织和体重控制中起着重要作用。由于不同的矿物质有自己独特的“性格”，不同矿物质的补充涉及不同的决策标准。

（一）钙

1. 作　用

钙是身体里含量最多的矿物质。钙和磷一起，是骨骼和牙齿的主要成分，人体里99%的钙存在于这两种组织内。其作用在于调节离子的跨膜运输，调节各种激素、消化酶和神经递质的分泌，尤其在神经传导方面极为重要。帮助维持正常血压，是肌肉收缩的必需元素，因此对心跳也很重要。此外，在血液凝固过程中起重要作用。最新的研究表明，在高强度训练期间，在保证较高钙元素摄入量的情况下，运动员体内的睾丸激素水平会显著升高。

2. 成年运动员的推荐每日摄入量

男子 1000～1200mg，女子 1000～1200mg，最高 2500mg。钙是一种有阈值的营养素，即在阈值范围内（400～500mg），其吸收率随着钙摄入量的增加而增加。人体一次最多只能吸收 400～500mg 的钙，摄入高于这个量的钙再也不能促进钙的吸收。

3. 食物来源

牛奶、奶酪、冰淇淋、肉类、小鱼、玉米饼、南瓜籽、牡蛎、豆腐及豆制品、紫菜、卷心菜等。

（二）磷

1. 作　用

磷在体内的含量非常丰富，身体中有 80% 的磷存在于我们的骨头和牙齿中，是骨基本结构的组成成分。血液中的磷有助于维持酸碱平衡，并且磷还是细胞遗传物质的组成成分，参与能量代谢，帮助构建细胞膜。

2. 成年运动员的推荐每日摄入量

男子 700～4000mg，女子 700～4000mg。

3. 食物来源

牛奶、蛋黄、肉类、家禽类、白米、面粉。另外天然的、具有生物活性的磷大量存在于发芽豆类、豌豆、蓝绿色藻类、海带、红藻和其他海菜中。

（三）钠

1. 作　用

钠主要存在于细胞外液，是细胞外液中的主要阳离子，约占阳离子总量的 90%，与阴离子一同构成渗透压，是调节身体体液平衡的关键物质。钠与钾的平衡，是维持细胞内外水分稳定的基本条件，它可以控制血浆中的电解质水平，帮助调节神经和肌肉功能。此外，钠也帮助维持酸碱平衡，在肌肉收缩、神经传导过程中也占有重要地位。

2. 成年运动员的推荐每日摄入量

1500～4500 毫克。通常每天食盐用量不要超过 6 克。

3. 食物来源

橄榄、小虾、日本豆面酱、甜菜根、火腿、芹菜、卷心菜、螃蟹、白软干酪、豆瓣菜、红菜豆。

（四）钾

1. 作　用

钾是细胞内部主要的阳离子，对保持细胞液和电解质平衡及细胞的完整性有重要作用。葡萄糖和氨基酸进入细胞合成时，必须有适量的钾离子参与糖原和蛋白质的合成。如果没有钾，细胞、神经和肌肉就不能正常运作。此外，钾元素还是一种细胞体积增大剂，因为它像肌酸一样，把水分“拽”进细胞中去，结果导致肌肉中的水分含量临时增加，额外增加的水分进入细胞后，也能促进肌肉蛋白质的合成。此外，和食盐中的钠元素不一样，钾元素并不是被身体储存在皮肤下面，而是位于细胞和血浆里面。因此，补充钾元素至少在理论上可以改善体内的水分分配，而又不导致身体脱水。鉴于钾元素的这些特殊功效，有些健美运动员开始尝试在比赛前大量补充钾元素，希望使肌肉变得更饱满，皮下水分更少。但是，实际补充效果还有待进一步研究。因为肌肉内的钾元素浓度有一个最高极限，如果钾元素的摄入量已经很高，那么再大量补充也不起作用。建议健美运动员不一定是在赛前，甚至是非赛季，也可以通过增加钾元素的摄入量来提高训练效果。

2. 成年运动员的推荐每日摄入量

钾需要量研究不多，参考国内外资料一般推荐摄入量为2000mg。此外，赛季和非赛季对钾的摄入略有区别。

3. 食物来源

坚果、发芽全谷物、大豆、豌豆、西红柿、香蕉、猕猴桃、桔子、豆瓣菜、卷心菜、芹菜、小胡瓜、萝卜、花椰菜、蘑菇、南瓜、蜂蜜。

（五）镁

1. 作　用

镁是一种必需的微量元素，是骨骼的重要成分。它参与300多种酶的催化反应，很多酶催化细胞中能量的产生和储存。镁是维持ATP水解酶正常功能所必须，肝糖分解、蛋白质合成及脂质氧化反应都需要这些酶的参与。镁在神经肌肉兴奋性传递、心脏兴奋性、血管紧张度、肌肉收缩及血压等的控制中起着核心的作用。显然，在运动底物的代谢及能量的产生过程中，镁的作用至关重要。此外，镁对促进肌肉的力量、体积增长及改善睡眠质量方面也具有很重要的意义。

2. 成年运动员的推荐每日摄入量

男子400～420mg，女子310～320mg。

3. 食物来源

深色绿叶蔬菜、五谷、坚果类（杏仁、亚麻籽、胡桃等）、豆荚、葡萄干、海产类及牛奶。

（六）铁

1. 作　用

铁在人体内的含量相对较少，但非常重要。体内大部分的铁用来构建两种蛋白质，红细胞中的血红蛋白和肌肉细胞中的肌红蛋白。血红蛋白负责将氧从肺部通过血液循环运送到全身各个组织器官，肌红蛋白负责为肌肉细胞运输和储存氧。此外，铁在生成新细胞、合成氨基酸、激素和神经递质过程中也是必不可少的。

2. 成年运动员的推荐每日摄入量

男子8～45mg，女子18～45mg。

3. 食物来源

肝脏、瘦肉、心、肾、贝类、干豆、深绿色的蔬菜、水果干、蛋黄及糖蜜含有丰富的铁元素。此外，南瓜籽、杏仁、腰果、荞麦粉、花生、巴西坚果、核桃、熟蚕豆、大蒜、葡萄干、青豆、马铃薯皮、螃蟹等也含有大量铁元素。

（七）锰

1. 作　用

锰有许多功能，它对激活与软骨合成有关的酶系统非常重要，它是一些酶的成分，这些酶可以保护组织不受自由基的侵害。锰对甲状腺激素和性激素产生是不可或缺的元素，对胆固醇和胰岛素制造也很重要，肝脏储存葡萄糖和骨骼的健康生长同样需要锰。

2. 成年运动员的推荐每日摄入量

男子2.3～11mg，女子1.8～11mg。

3. 食物来源

海洋藻类、淡水藻类、豆瓣菜、菠萝、生菜、葡萄、草莓、黑梅、燕麦、甜菜根、芹菜。

（八）锌

1. 作　用

锌是一种必须的微量元素，也是一种抗氧化剂，几乎参与了人体所有的生理过程和代谢途径。人体超过300种酶的功能和结构的维持都需要锌的参与，其中很多酶都参与宏量营养素的代谢过程，是人体多种酶、辅酶的必需元素，它参与这些酶的组成和激活，能提高人体内很多酶的活性，进而在运动中提供能量，对很多生化反应具有重要的意义。除对酶的结构和活性有影响外，锌对核酸和蛋白质的合成、细胞的分化和复制及肌肉的功能也是必需的。锌影响了很多激素的产生、储存和分泌，这些激素包括生长激素、甲状腺素、促性腺激素、性激素、催乳素、胰岛素和皮质醇。2007年的一项研究表明，连续四周补充锌，可以显著提高受试者休息时和训练后的睾丸水平。

2. 成年运动员的推荐每日摄入量

男子11～40mg，女子8～40mg。

3. 食物来源

动物肝脏、牡蛎、羔羊肉、核桃、干裂的豌豆、青豆、小虾、蛋黄、肉类、鱼类、全谷类、花生、豆类。一般来说，富含蛋白质的食物是最好的锌来源。贝类、牛肉及其他红肉含锌量也很高，其中牡蛎的含锌量最高。植物性食物中，坚果和豆类是锌的最佳来源。

（九）铬

1. 作　用

铬参与人体糖和脂肪代谢，对人体的健康有着重要的生理作用，是人体必需的微量元素。根据目前研究，铬最重要生物学作用是增强胰岛素的作用，进而可以提高碳水化合物、蛋白质、脂肪的摄取和利用。此外，铬还是葡萄糖耐受因子（GIF）的组成部分，葡萄糖耐受因子的组成还包括烟酸和多种氨基酸。尽管葡萄糖耐受因子确切的生理学作用目前并不清楚，但可能机制是：葡萄糖耐受因子能促进胰岛素与细胞受体的结合，增加胰岛素受体的数目，提高胰岛素的敏感性，这样可以降低餐后葡萄糖水平并增加氨基酸和脂肪酸的摄取。

2. 成年运动员的推荐每日摄入量

男子 35～200μg，女子 25～200μg。

3. 食物来源

加工的肉制品、动物干脏、肉类、鱼贝类、全谷物食物、海藻、面包、奶酪、小麦胚芽、准备食用的麸麦片、绿豆、花椰菜、蘑菇、香料中铬含量比较丰富。

（十）硒

1. 作　用

硒是一种强效抗氧化剂矿物质，可以保护身体组织免受自由基侵害，它是谷胱甘肽过氧化物酶的一种成分，可以清除过氧化氢、还原脂质氢过氧化物和防止 RNA 和 DNA 损伤，因此，硒是一种重要的抑制氧化损伤的物质。此外，它还能通过促进碘的新陈代谢，以维持甲状腺的健康，并生成重要的甲状腺激素，由于甲状腺控制身体的新陈代谢，所以，维持甲状腺健康对于保持健美的体形非常重要。没有了这种矿物质，就没有正常发育和生育，肝脏就不能正常运作，重要的激素不能产生，而且免疫系统也不能充分发挥作用。

2. 成年运动员的推荐每日摄入量

男子 55～400μg，女子 55～400μg。

3. 食物来源

巴西坚果、金枪鱼罐头、熟牛肉、鳕鱼、烤鸡胸肉、鸡蛋、速食麦片、糙米、全麦面包、绿豆芽、南瓜子、芝麻、葵花籽、小麦草和它们的新芽。

（十一）铜

1. 作　用

铜是电子传递过程中酶的一个重要的辅助因子，电子传递过程中的酶、胶原蛋白合成及去甲肾上腺素合成相关的酶都需要铜的参与。此外，铜还是血红蛋白和肌红蛋白的重要成分之一，对于铁的有效利用也是不可缺少的。

2. 成年运动员的推荐每日摄入量

男子 900～10000μg，女子 900～10000μg。

3. 食物来源

铜的主要食物来源是肉类、海鲜、蔬菜、豆类、花生酱、坚果和种子等，其中铜含量最高的是煮熟的内脏和牡蛎。一些未深加工的谷物类食品是铜的强化食品，小麦麸麦片和全谷物产品也是比较好的铜的来源。

五、维生素

维生素是维持人体正常生理功能和健康不可缺少的一类小分子有机化合物，它帮助其他营养物质的消化、吸收和代谢，或者用于构建身体组织。维生素在运动中的作用受到越来越多的关注和重视，其主要原因是机体能量消耗增加，加速了代谢过程，各种酶的活动增加，使得维生素的消耗也相应增加。维生素作为能量代谢辅助因子，要及时、适量地补充，有利于产生能量并改善神经系统功能，从而满足运动对机体代谢能力的要求。其次，运动使胃肠道对维生素的吸收功能降低，体内维生素的周转率加速，运动中的大量排汗，使得水溶性维生素流失严重，造成对维生素需求量的增加。因此，参加运动的人对维生素的需求量比一般人高。

（一）维生素 A

1. 作　用

维生素 A 是身体健康所必需的化学物质，它是一种无色的物质，存在肝脏、牛奶、蛋和鱼油中。它对身体一系列功能产生影响，如正常的细胞分化和生长、胚胎发育、DNA 合成和维护呼吸道、消化道和泌尿道的粘膜，维生素 A 都是不可或缺的。维生素 A 对维持正常的视觉功能有重要作用。

2. 成年运动员的推荐每日摄入量

男子 900 ~ 3000μg，女子 700 ~ 3000μg。

3. 食物来源

牛肝脏、小牛肝脏、胡萝卜、豆瓣菜、卷心菜、西葫芦、甘薯、瓜类、南瓜、芒果、西红柿、卷心菜、菠菜、杏、橘子、芦笋等。

（二）维生素 D

1. 作　用

维生素 D 是一种调节血清钙的营养素，维持骨钙平衡，对钙的新陈代谢至关重要，身体需要维生素 D 来吸收钙和磷，健康的骨头和牙齿离不开它。肌肉纤维实际上也有维生素 D 受体，当维生素 D 与这些受体发生反应时，它可以使那些能增加肌肉生长和力量的基因更具活性。

2. 成年运动员的推荐每日摄入量

男子 15 ~ 50μg，女子 5 ~ 50μg。

3. 食物来源

维生素 D 的两个主要来源是皮肤组织内的合成（紫外线照射）和富含维生素 D 的食

物产品，如大马哈鱼、牡蛎、沙丁鱼、金枪鱼、鱼肝油、动物肝脏、蛋黄等食物是维生素D的主要来源，此外还有营养强化牛奶、果汁、酸奶、人造黄油、麦片、奶酪、谷类等，也是维生素D的来源。

（三）维生素E

1. 作　用

维生素E是一种重要的抗氧化物质，有消除自由基，保护生物膜上多元不饱和脂肪酸免受氧化损伤，对酶的活性也起到保护作用。此外，维生素E可以提高抗氧化还原反应和维持生殖功能的作用。运动人群补充维生素E可以促进蛋白质合成，改善肌肉的血液供应和营养，可提高肌肉质量，有抗疲劳作用。运动后补充维生素E有提高最大摄氧量、减少氧债和血乳酸的作用，有助于减轻肌肉酸痛。

2. 成年运动员的推荐每日摄入量

男子15~1000mg，女子15~1000mg。

3. 食物来源

糙米、胚芽米、玉米油、向日葵、花生、芝麻籽及植物种子类油。

（四）维生素K

1. 作　用

维生素K对于合成可以控制血凝固的肝脏蛋白质是非常重要的，是血凝固的重要因子。此外，维生素K还参与骨骼代谢，影响骨骼健康。

2. 成年运动员的推荐每日摄入量

男子120μg，女子90μg。

3. 食物来源

花椰菜、菠菜、生菜、卷心菜、蚕豆、豌豆、豆瓣菜、芦笋、马铃薯、玉米油、西红柿、牛奶、蜂蜜等。

（五）维生素C

1. 作　用

维生素C是一种强力抗氧化剂，参与肌肉组织的生物氧化过程，促进物质代谢，保护细胞膜免遭毁坏和防止衰老。维生素C是生物合成肉毒碱和合成胶原的必需物质，胶原是连接组织的主要蛋白质，是形成牙齿和骨骼的基质。维生素C还有助于增加饮食中铁（三价铁）或非血红素铁的吸收、转运和储存，可提高免疫功能，降低疲劳和肌肉酸痛，有助于氨基酸代谢，对提高身体的运动能力有重要作用。维生素C对降低考地松水平很有帮助，考地松是一种分解代谢激素，降低它就能提高合成代谢水平，有利于增长肌肉，提高运动后的恢复能力。研究表明，维生素C的补充应是长期的，急性补充维生素C对自由基清除和肌肉损伤似乎没有帮助。

2. 成年运动员的推荐每日摄入量

男子90－2000mg，女子75－2000mg。

3. 食物来源

辣椒、豆瓣菜、卷心菜、花椰菜、草莓、柠檬、猕核桃、豌豆、瓜类、葡萄柚、酸橙、西红柿。

（六）维生素 B_1（硫胺素）

1. 作　用

维生素 B_1 又称硫胺素或抗神经炎维生素或抗脚气病维生素，为白色晶体。它是碳水化合物和氨基酸代谢中重要酶的必须辅助因子，尤其是支链氨基酸（BCAA）。维生素 B_1 参与能量代谢、神经传导等功能，保证人体主要内脏器官的能量供给。人体运动时的能量主要来源于糖类时，维生素 B_1 的需求量最大。维生素 B_1 缺乏时，首先糖的氧化供能会受阻，容易堆积乳酸，影响运动能力。来自美国运动医学界的一项研究结果表明：同等运动量下，在运动后食用维生素 B_1 的人，其体内乳酸积累值比不食用维生素 B_1 的人群要低45%。所以，维生素 B_1 被认为是可能限制运动能力的营养素。

2. 成年运动员的推荐每日摄入量

男子1.2mg，女子1.1mg。

3. 食物来源

硫胺素存在于瘦猪肉、酵母、豆类、富含谷物的面包、粗糙的粮食（米、面、花生、核桃、芝麻和豆类），动物内脏、肉类、蘑菇、酵母、青蒜、豆瓣菜、西葫芦、羔羊肉、芦笋、蘑菇、豌豆、生菜、辣椒、花椰菜、卷心菜、西红柿、蚕豆等。

（七）维生素 B_2（核黄素）

1. 作　用

维生素 B_2（核黄素）是合成两种辅酶的重要物质：黄素单核苷酸及黄素腺嘌呤二核苷酸。这些辅酶对于氨基酸代谢、葡萄糖、脂肪酸及甘油代谢十分重要。此外，它对运动量大的人来说更有用，还具备抗氧化功能，可以防止自由基袭击肌肉组织和关节。

2. 成年运动员的推荐每日摄入量

男子1.3mg，女子1.1mg。

3. 食物来源

维生素 B_2 存在于鸡蛋、瘦肉、牛奶、奶制品、西兰花、全麦面包中，其中以肝、肾含量最丰富。而绿叶蔬菜、豆类、野菜及坚果类食品（如核桃、栗子、松子、花生、瓜子等）也含有维生素 B_2。

（八）维生素 B_3（烟酸）

1. 作　用

烟酸，也叫做烟碱酸和烟酰胺，是两种辅酶的前体：烟酰胺腺嘌呤二核苷酸（NAD）和烟酰胺腺嘌呤二核苷酸磷酸（NADP）。这两种前体在所有细胞中都能找到，通过糖酵解、三羧酸循环、电子转移及戊糖产生能量。它与 β 脂肪酸氧化和蛋白质合成有关，超过 50 多种身体功能需要维生素 B_3。此外，与其他 B 族维生素一样，它对释放碳水化合物和脂肪中的能量，蛋白质的新陈代谢，特定激素的产生，以及帮助红细胞的形成都很重要。

2. 成年运动员的推荐每日摄入量

男子 16～35mg，女子 14～35mg。

3. 食物来源

蘑菇、金枪鱼、鸡肉、大马哈鱼、芦笋、卷心菜、羔羊肉、鲭鱼、火鸡肉、西红柿、小胡瓜与西葫芦、花椰菜。谷物及小麦的胚芽中烟酸含量最为丰富。

（九）维生素 B_5（泛酸）

1. 作　用

在所有活的细胞中都可以发现以辅酶 A（CoA）形式存在的泛酸，两种关键辅酶 A（CoA）和酰基载体蛋白（ACP）的制造都需要泛酸，身体需要泛酸来把食品（脂肪、蛋白质和碳水化合物）转换为能量。此外，重要脂肪、胆固醇和类固醇激素的合成，以及神经传递素乙酰胆碱和褪黑激素的合成都需要 CoA。所以，它对无数的生理反应都至关重要。

2. 成年运动员的推荐每日摄入量

男子 5mg，女子 5mg。

3. 食物来源

富含泛酸的有肉类（尤其是肝脏和心脏）、酵母、小麦、麸皮和蘑菇、坚果、黄豆、花椰菜、牛油果、全麦谷物、豆类、花椰菜、豆瓣菜、椰菜、豌豆、小扁豆、西红柿、卷心菜、芹菜、草莓、蛋类、红薯、鳄梨。

（十）维生素 B_6（吡哆素）

1. 作　用

维生素 B_6 与人体的 80 多种生化反应相关，人体内许多的代谢由它指挥完成，运动时维生素 B_6 在代谢通路中起到了重要作用。维生素 B_6 帮助蛋白质的代谢和血红蛋白的形成，更重要的是促进血红细胞的生成，帮助人体适量吸收蛋白质。肌肉在运动和代谢过程中需要氧气，血红细胞便是载氧的运输工具，血液的血红细胞含量越多，载氧能力就越强，肌肉的供氧来源就越充足，从而减轻心脏负担。

维生素 B_6 还促进锌和镁的吸收，而且是合成神经传递素、组织胺（组织损伤或过敏时释放）和血红蛋白过程中所必需的。此外，维生素 B_6 是糖原合成和糖原分解过程中起作用的糖原磷酸化酶的一种成分，能促进运动时糖异生作用，防止运动性低血糖的发生。

2. 成年运动员的推荐每日摄入量

男子1.3～100mg，女子1.3～100mg。

3. 食物来源

维生素B_6大多数存在于肉中（尤其是鸡肉和金枪鱼），植物性食物，如豆类、谷类和黑米。辣椒、豆瓣菜、香蕉、花椰菜、小扁豆、卷心菜、蛋类、西葫芦、芦笋、洋葱及植物种子和坚果等都含有维生素B_6。此外，米糖、麦芽中维生素B_6含量最为丰富。

（十一）维生素B_{12}（钴胺素）

1. 作　用

维生素B_{12}是已知的B族维生素中最著名和最复杂的一种。参与红细胞生成，帮助维持红细胞健康，维持神经系统的正常功能。所有的细胞的生长和正常分离都需要B_{12}，这也包括健康免疫系统需要的白细胞。此外，维生素B_{12}还可以帮助把食物中的碳水化合物、脂肪和蛋白质转为细胞能量。

2. 成年运动员的推荐每日摄入量

男子2.4mg，女子2.4mg。

3. 食物来源

维生素B_{12}只存在于动物性食品中（如奶制品、肉类、蛋类、鱼和家禽肉）。包括牡蛎、沙丁鱼、金枪鱼、羔羊肉、蛋类、小虾、白软干酪、牛奶、火鸡肉与鸡肉、干酪。贝类（如蚌、牡蛎、贻贝、蟹和龙虾），鳍鱼类（如鲱鱼、沙丁鱼、鳟鱼、鲭鱼、鲑鱼和金枪鱼罐头）和内脏（如肝、肾脏、心脏、大脑和舌头）的维生素B_{12}含量最高。

（十二）叶　酸

1. 作　用

叶酸是生成所有新细胞所需要的维生素，并帮助合成新生细胞所需要的DNA，所以，对孕期妇女尤为重要。叶酸和运动直接相关的重要功能是参与红细胞的形成，协助蛋白质的分解和利用。叶酸不足将导致巨幼细胞性贫血，巨幼细胞性贫血将导致红细胞前体（巨幼红细胞）无法向功能型红细胞转变，这类贫血将导致非常严重的后果，将使得巨红细胞在血液中不能有效运输氧气或二氧化碳。

2. 成年运动员的推荐每日摄入量

男子400～1000μg，女子400～1000μg。

3. 食物来源

绿叶蔬菜（如菠菜、芦笋、芥末和萝卜叶、花椰菜）、坚果、豆类（如花生、豇豆、菜豆、花豆、四季豆）和肝脏。

六、水

水是维持生命活动的必须营养物质，水是正常机体最大的组成成分，也是人体最基本的关键合成代谢成分，对于身体健康和肌肉增长来说至关重要。在身体充满足够多的水分时，将会使更多的水分进入到肌肉细胞中。肌肉中含有越多的水分，就会更好地发挥肌肉的功能。健身健美运动员在日常的饮食中摄入了大量的蛋白质，需要大量的水作为营养物质的代谢溶剂。然而，大部分健身健美选手的饮水量并没有达到他们的身体中所需的程度，在一定程度上阻碍了肌肉的最佳合成代谢环境。

（一） 水的作用

◎ 水是体内组织（如蛋白质、糖原）的结构组成部分。

◎ 水是调节体温的良好介质。如果机体不能正常地通过发汗降低体温，将会产生严重的代谢问题包括死亡。

◎ 水促进代谢，维持组织形态，提供细胞生存和代谢的环境，它是许多化合物（如营养物质、药物、激素和肽类物质）运输到细胞的媒介。

◎ 参与体内的水解、合成、脱水和氧化等化学反应，尤其是参与能量产生的代谢反应。

◎ 水是机体组织和细胞的润滑剂，润滑关节，减少内脏器官摩擦。

（二） 水的摄入量建议

当因出汗导致水和电介质大量流失，出现脱水时，会降低机体体温的调节能力，肌肉力量和耐力会随之下降。来自芝加哥大学的研究小组发现：缺水状态可以使运动员的肌肉力量降低 15% ~20%，因缺水导致的对体重、力量及荷尔蒙水平的消极影响，可以使体重减少 1.5%。营养师建议，训练日最好喝够 4.5 升水，在训练中，每 15 ~20 分钟则饮用 240 毫升水。

在健身健美训练中，蛋白质摄入较高，保证身体中有足够的水分，完成蛋白质的吸收、消化及身体的代谢都是非常重要的。但是要注意的是，一定要把这些水按量均匀地分配到整个一天的饮水过程中，这对于服用高蛋白饮食的健身健美爱好者来说尤其重要。需要提及的是，虽然水对于生命来说是非常重要的，但是我们也不能过分地强调这一点。在每次主要的进餐时间要保证饮用 0.5 升的水，而每天饮水总量要维持在 4.5 升以上，同时要注意不要一次饮用过多。

七、膳食纤维

膳食纤维虽然不能被人体消化吸收，但膳食纤维在体内具有对人体重要的生理作用，是维持人体健康必不可少的一类营养素。由于膳食纤维在预防人体胃肠道疾病和维护胃肠道健康方面功能突出，因而有“肠道清洁夫”的美誉。

（一） 膳食纤维素的作用

◎ 有较强的吸水和膨胀功能，使人产生饱腹感并抑制进食，有利于控制体重。

◎ 刺激肠道蠕动，使肠内食物中的有害物质及时排出体外，防止便秘。

◎ 有助于预防阑尾炎和降低结肠癌的发生率。

◎ 维持消化道黏膜的健康，预防憩室疾病。

◎ 降低血液胆固醇含量，预防心血管疾病。

◎ 调节机体对葡萄糖的吸收（包括糖尿病人），其原因可能是控制碳水化合物消化吸收速度。

（二） 膳食纤维的摄入量建议及来源

1. 摄入量推荐值

每日应进食 25 ~35g 膳食纤维素。

2. 主要来源

糙米、胚芽精米、玉米、小米、大麦、小麦皮（米糠）和麦粉（黑面包的材料）等杂粮。此外，根菜类、海藻类及水果类食物纤维较多，如胡萝卜、四季豆、红豆、豌豆、薯类、海带、苹果等富含膳食纤维。

思考题

1. 肌肉肥大的生理学机制是什么？
2. 试述三种能量系统与健身健美训练的关系。
3. 举例说明杠杆原理在健身健美训练中的运用。
4. 增肌和减脂的饮食有哪些不同？为增肌和减脂人员提出科学的饮食建议。

第三章　全身各部位肌肉训练动作

本章提要

- 了解全身各部位肌肉的解剖位置
- 掌握全身各部位肌肉的解剖学功能
- 掌握全身各部位肌肉训练动作要领
- 能够讲解动作要领并能示范正确的动作技术

第一节　胸部训练动作

一、胸大肌和胸小肌解剖结构及功能分析

一个完美的胸部包括较大的胸腔，厚实的胸大肌，胸大肌的内侧、外侧、上部和下部都足够发达。胸部肌群主要包括两块肌肉，每一侧胸肌都是由胸大肌和胸小肌两块肌肉组成的（图3－1，图3－2）。胸大肌从外形来看，分为上部、中部和下部，为了便于训练的细分，把它分为四个部位，即外侧缘、上胸部、中间沟、下胸部。胸大肌起于锁骨内侧半、胸骨和上6肋骨前面及腹直肌鞘前壁上部，止于肱骨大结节嵴。胸小肌起自第3～5肋骨前面，止于肩胛骨喙突。胸大肌在近固定时可以使肩关节屈、内收及内旋。在远固定的情况下可以拉引躯干靠近手臂。胸小肌在近固定时使肩胛骨下降、前伸和下回旋。远固定时，提肋助吸气。

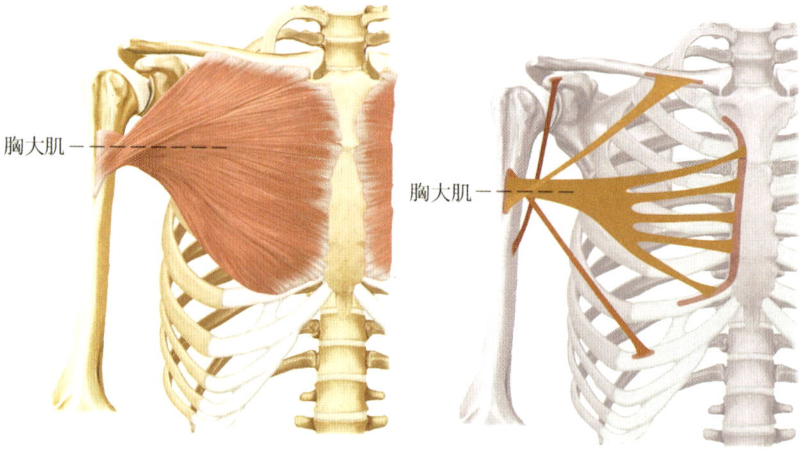

图3－1　胸大肌解剖结构

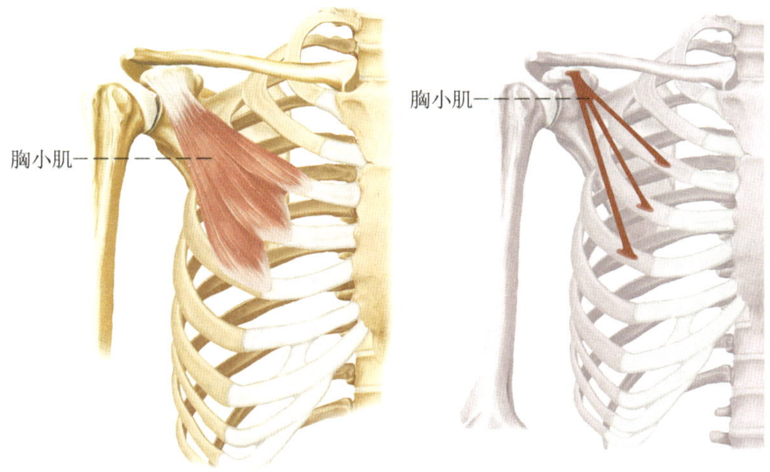

图3－2　胸小肌解剖结构

二、胸部训练动作

（一） 平卧杠铃卧推 （图3－3）

主要锻炼肌肉：胸大肌、三角肌前部、肱三头肌。

图3－3　平卧杠铃卧推

预备姿势：

仰卧在长凳上，使头、上背和臀部触及凳面，两脚平踏在地上（高级阶段可以小腿交叉抬起）。腰腹自然收紧，两肩下沉，两手伸直握杠，握距略宽于肩，保持身体的稳定。

向下动作阶段：

◎ 吸气，固定胸腔，挺直躯干，两肩自然下沉，两臂伸直支撑杠铃于胸前，两肘向下弯曲使杠铃缓慢、流畅下降至距离胸面 2 厘米的位置。

◎ 当杠铃放下还原时，必须以胸大肌的张紧力控制住慢慢放下至胸上方，稍停。

◎ 下降时双肘外展指向身体两侧，整个下降过程要采用消极用力把重量控制住缓慢下落。

向上动作阶段：

◎ 集中胸大肌的收缩力使横杠向上推起并离胸，直至横杠处在两肩关节的上方，垂直于地面。

◎ 为了在上推过程中胸大肌处于较好的生物力学优势，必须使胸大肌处于“挺胸沉肩”姿态。

◎ 杠铃在上升过程中配合用力缓慢呼气。

◎ 错误动作：集中以肱三头肌和三角肌的力量，减弱了胸大肌的收缩力，最后使胸大肌处于松弛状态，减弱力学优势，容易形成“含胸耸肩”姿势。

（二） 上斜杠铃卧推 （图 3－4）

主要锻炼肌肉：胸大肌上部、三角肌前束、肱三头肌。

图 3－4　上斜杠铃卧推

预备姿势：

仰卧在上斜卧推板上或可调节的斜板上，头高脚低，板面与地面大约成 15～45 度角，使头、上背和臀部触及凳面，两脚平踏在地上。腰腹自然收紧，两肩下沉，两手伸直握杠，握距略宽于肩，保持身体的稳定。

向下动作阶段：

◎ 吸气，固定胸腔，挺直躯干，两肩自然下沉，两臂伸直支撑杠铃于胸前，两肘向下弯曲使杠铃缓慢、流畅下降至上胸部的位置。

◎ 当杠铃放下时，必须以胸大肌的张紧力控制住慢慢放下至胸上方接近胸锁骨处停住，稍停。

◎ 下降时双肘外展指向身体两侧，整个下降过程要采用消极用力把重量控制住缓慢下落。

◎ 在平板卧推的基础上，由于板面是倾斜的，应在下放阶段控制好重心，不要晃动。

向上动作阶段：

◎ 集中胸大肌的收缩力使横杠竖直向上缓慢推起，直至横杠处在两肩关节上方，垂直于地面。

◎ 为了在上推过程中胸大肌处于较好的生物力学优势，必须使胸大肌处于“挺胸沉肩”姿态。

◎ 杠铃在上升过程中配合用力缓慢呼气，不用猛力。

（三）下斜杠铃卧推（图3－5）

主要锻炼肌肉：胸大肌下部、三角肌前束、肱三头肌。

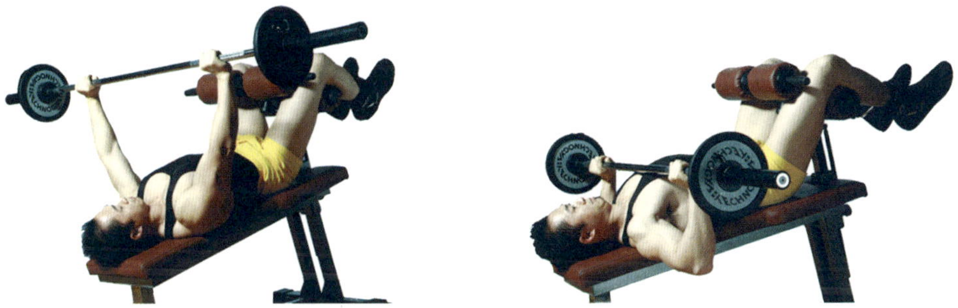

图3－5　下斜杠铃卧推

预备姿势：

仰卧在下斜卧推板上或可调节的斜板上，呈脚高头低姿势，板面与地面大约成15～30度角，使头、上背和臀部触及凳面，两脚固定在挡托上。腰腹自然收紧，两肩下沉，两手伸直握杠，握距略宽于肩，收紧腰腹。

向下动作阶段：

◎ 吸气，固定胸腔，挺直躯干，两肩自然下沉，两臂伸直支撑杠铃于胸前，两肘向下弯曲使杠铃缓慢、流畅下降至胸大肌下缘处。

◎ 当杠铃放下还原时，必须以胸大肌的张紧力控制住慢慢放下至胸下缘处。稍停。

◎ 下降时双肘外展指向身体两侧，整个下降过程要均匀、缓慢用力把重量控制住下落。

向上动作阶段：

◎ 集中胸大肌的收缩力使横杠竖直向上缓慢推起，直至横杠处在两肩关节上方，垂直于地面。

◎ 为了在上推过程中胸大肌处于较好的生物力学优势，必须使胸大肌处于“挺胸沉肩”姿态。

◎ 杠铃在上升过程中配合用力缓慢呼气。

（四）平卧哑铃卧推（图3－6）

主要锻炼肌肉：胸大肌、三角肌前束、肱三头肌。

图3－6　平卧哑铃卧推

预备姿势：

仰卧在长凳上，使头、上背和臀部触及凳面，两脚平踏在地上。腰腹自然收紧，两手握住哑铃，屈臂，掌心向前，哑铃放在肩两侧（胸外侧），小臂垂直于地面，两肩下沉至感觉胸大肌的拉伸即可，保持身体的稳定，控制好哑铃的重心。

向下动作阶段：

◎ 吸气，固定胸腔，挺直躯干，两肩自然下沉，两臂伸直支撑哑铃于胸前，两肘向下弯曲使哑铃缓慢、流畅下降至肩两侧（胸外侧），小臂垂直于地面。

◎ 下降时双肘外展指向身体两侧，整个下降过程要采用慢速把重量控制住下落。

向上动作阶段：

◎ 呼气，集中胸大肌的收缩力使两侧的哑铃往中间方向推起（形成两个小半弧），直至两臂伸直哑铃处在两肩关节的上方，垂直于地面。

◎ 在上推过程中哑铃的重心尽可能地贴近肩关节的垂线。

◎ 哑铃在上升过程中，应保持哑铃的稳定。

◎ 错误动作：三角肌过度前送，减弱了胸大肌的收缩力，最后使胸大肌处于松弛状态，减弱胸大肌的刺激效果，躯干形成“含胸耸肩”状态。

（五）上斜哑铃卧推（图3－7）

主要锻炼肌肉： 胸大肌上部、三角肌前束、肱三头肌。

图3－7　上斜哑铃卧推

预备姿势：

仰卧在上斜卧推板上或可调节的斜板上，头高脚低，板面与地面大约成15～45度角，使头、上背和臀部触及凳面，两脚平踏在地上。腰腹自然收紧，两手握住哑铃，屈臂，掌心向前，哑铃放在肩两侧（胸外侧），小臂垂直于地面，两肩下沉至感觉胸大肌的拉伸即可，保持身体的稳定，控制好哑铃的重心。

向下动作阶段：

◎ 吸气，固定胸腔，挺直躯干，两肩自然下沉，两臂伸直支撑哑铃于胸前，两肘向下弯曲使哑铃缓慢、流畅下降至肩两侧（胸外侧），小臂垂直于地面。

◎ 下降时双肘外展指向身体两侧，整个下降过程要采用消极用力把重量控制住缓慢下落。

◎ 由于板面是倾斜的，两肩应在下放阶段控制好重心，不要晃动。

向上动作阶段：

◎ 呼气，集中胸大肌的收缩力使两侧的哑铃往中间方向推起（形成两个小半弧），直至两臂伸直哑铃处在两肩关节的上方。

◎ 在上推过程中哑铃的重心尽可能地贴近肩关节的垂线。

（六）下斜哑铃卧推（图3－8）

主要锻炼肌肉：胸大肌下缘、肱三头肌、三角肌前束。

图3－8　下斜哑铃卧推

预备姿势：

仰卧在下斜卧推板上或可调节下斜板上，脚高头低，板面与地面大约成15～30度角，使头、上背和臀部触及凳面，两脚紧贴挡板。腰腹自然收紧，两手握住哑铃，屈臂，掌心向前，哑铃放在肩两侧（胸外侧），小臂垂直于地面，两肩下沉至感觉胸大肌的拉伸即可，保持身体的稳定，控制好哑铃的重心。

向下动作阶段：

◎ 吸气，固定胸腔，挺直躯干，两肩自然下沉，两臂伸直支撑哑铃于胸前，两肘向下弯曲使哑铃缓慢、流畅下降至下胸部。

◎ 下降时双肘外展指向身体两侧，整个下降过程要采用消极用力把重量控制住缓慢下落，小臂垂直地面。

◎ 由于板面是倾斜的，两肩在下放阶段应控制好重心，不要晃动。

向上动作阶段：

◎ 呼气，集中胸大肌的收缩力使两侧的哑铃往中间方向推起（形成两个小半弧），直至两臂伸直哑铃处在两肩关节的上方。

◎ 在上推过程中哑铃的重心尽可能地贴近肩关节的垂线。

（七）平卧哑铃飞鸟（图3－9）

主要锻炼肌肉：胸大肌、三角肌前束。

预备姿势：

仰卧在长凳上，使头、上背和臀部触及凳面，两脚平踏在地上。腰腹自然收紧，两肩下沉，两手伸直握住哑铃，掌心相对，与肩同宽，两臂自然伸直支撑哑铃至胸部上方，保持身体的稳定，控制好哑铃的重心。

图3－9　平卧哑铃飞鸟

向下动作阶段：

◎ 吸气，两手持哑铃掌心相对，以胸大肌的力量控制哑铃向身体两侧慢慢张开，哑铃落至最低下位应感到胸部肌肉有充分的牵拉感，上臂略低于肩的水平面。

◎ 为防止肌肉拉伤，应在胸大肌的力量控制下缓慢下降。

◎ 避免手肘有推举动作，下放时大臂与手肘的角度不能小于直角。

向上动作阶段：

◎ 呼气，集中胸大肌的收缩力使身体两侧的哑铃向中间靠近，直至两臂自然伸直、手肘微屈，哑铃处在两肩关节的上方，垂直于地面。

◎ 在收缩过程中要利用胸大肌的力量，肘的夹角不能随意变换。

（八）上斜哑铃飞鸟（图3－10）

主要锻炼肌肉：胸大肌上部、三角肌前束。

图3－10　上斜哑铃飞鸟

预备姿势：

仰卧在可调节的上斜凳，头高脚低，板面与地面大约成15～45度角，使头、上背和臀部触及凳面，两脚平踏在地上。腰腹自然收紧，两肩下沉，两手伸直握住哑铃，掌心相对，与肩同宽，两臂自然伸直支撑哑铃至胸部上方，保持身体的稳定，控制好哑铃的重心。

向下动作阶段：

◎ 吸气，两手持哑铃掌心相对，以胸大肌的力量控制哑铃向身体两侧慢慢张开，哑铃落至最低下位应感到胸部两侧肌肉有充分的牵拉感。

◎ 为防止肌肉拉伤，利用胸大肌的力量控制缓慢下降。

◎ 避免手肘有推举动作，下放时大臂与手肘的角度不能小于直角。

向上动作阶段：

◎ 呼气，集中胸大肌的收缩力使身体两侧的哑铃向中间方向靠近，直至两臂自然伸直，哑铃处在两肩关节的上方，垂直于地面。

◎ 中、大臂与手肘的夹角不能随意变换。

◎ 哑铃在上升过程中，重心比较难控制，故重量不宜过大。

（九）下斜哑铃飞鸟（图3－11）

主要锻炼肌肉：胸大肌下部、三角肌前束。

图3－11　下斜哑铃飞鸟

预备姿势：

仰卧在下斜板上或可调节的下斜板上，脚高头低，板面与地面大约成15～30度角，使头、上背和臀部触及凳面，小腿固定在挡板上。腰腹自然收紧，两肩下沉，两手伸直握住哑铃，掌心相对，与肩同宽，两臂自然伸直支撑哑铃至胸部上方，保持身体的稳定，控制好哑铃的重心。

向下动作阶段：

◎ 吸气，两手持哑铃掌心相对，以胸大肌的力量控制哑铃向身体两侧慢慢张开，哑铃落至最低下位应感到胸部两侧肌肉有充分的牵拉感，上臂略低于肩的水平面。

◎ 为防止肌肉拉伤，利用胸大肌的力量控制哑铃缓慢下降。

◎ 避免手肘有推举动作，下放时大臂与手肘的角度不能小于直角。

向上动作阶段：

◎ 呼气，集中胸大肌的收缩力使身体两侧的哑铃往中间方向靠近，直至两臂自然伸直，哑铃处在两肩关节的上方，垂直于地面。

◎ 中、大臂与手肘的夹角不能随意变换。

◎ 哑铃在上升过程中，重心比较难控制，故重量不宜过大。

（十）仰卧屈臂上拉（图3－12）

主要锻炼肌肉：胸大肌、背阔肌。

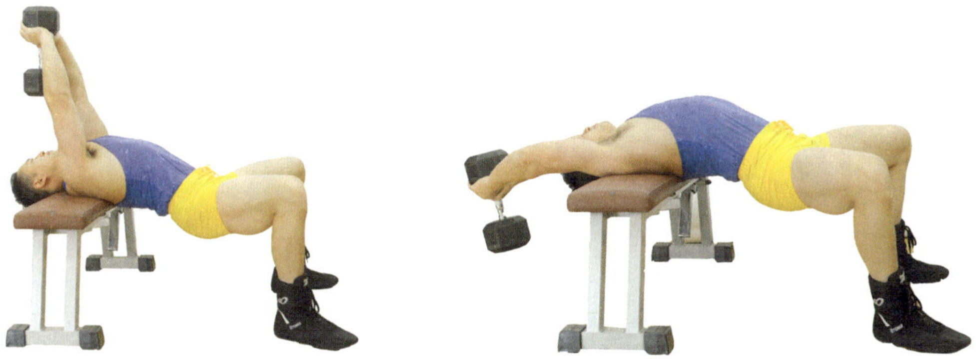

图3－12　仰卧屈臂上拉

预备姿势：

上背部仰卧躺在凳面上，使颈部以上部位探出凳外，只有上背触及凳面，松腰、臀下沉，两脚平踏在地上。两手互握（四指在前大拇指在后），掌心向上托住哑铃一端，支撑哑铃于胸大肌正上方。保持身体的稳定，控制好哑铃的重心。

向下动作阶段：

◎ 吸气，集中注意力在胸大肌上，缓慢地把哑铃向头顶后方放下，直至最大幅度。

◎ 下放过程中要缓慢、有控制。

向上动作阶段：

◎ 呼气，以胸大肌为主动机收缩将哑铃从头顶后方缓慢向上拉起至哑铃处于胸大肌的正上方处停止。

◎ 注意在整个过程中保持两臂微屈，臀部和腰部不能起桥。

（十一）坐姿器械推胸（图3－13）

主要锻炼肌肉：胸大肌、三角肌前束、肱三头肌。

图3－13　坐姿器械推胸

预备姿势：

调整坐高和重量后，坐在器械推胸的凳上，使整个背部紧贴于靠背，两脚平踏在地上。腰腹自然收紧，两手弯曲握住位于体侧的把手，拳眼相对，抬头挺胸，目视前方。

向后动作阶段：

◎ 吸气，以胸大肌的控制力两臂水平向后缓慢伸至最大幅度。

◎ 向后过程中，胸大肌不能放松，肘部尽量水平外展。

向前动作阶段：

◎ 呼气，挺胸沉肩，集中胸大肌的收缩力使两臂向中间靠拢，直至两臂自然伸直。

◎ 向前推的过程中要缓慢，不使用爆发力。

（十二）坐姿蝴蝶夹胸（图3－14）

主要锻炼肌肉：胸大肌、三角肌前束。

预备姿势：

调整蝴蝶夹胸器坐垫高度并坐于凳面，使整个背部紧贴靠背，两脚放在踏板上。张开两臂把前臂放在挡垫上并向后展开（大臂与前臂形成近似于90度的夹角），手握把手，抬头挺胸，目视前方。

图 3 – 14　坐姿蝴蝶夹胸

向后动作阶段：

◎ 以胸大肌的力量控制住重量向两侧展开器械，至大臂（大臂与前臂形成近似于 90 度的夹角不动）展开至最大幅度时停住。

◎ 整个过程胸大肌始终处于张紧状态。

向前动作阶段：

◎ 身体保持不动，集中胸大肌的收缩力带动手臂向胸部中间靠拢，直至最大收缩幅度，稍停。

◎ 整个收缩过程不能含胸。

（十三） 站姿拉力器夹胸 （图 3 – 15）

主要锻炼肌肉：胸大肌、三角肌前束。

预备姿势：

两脚呈弓步站立，身体稍向前倾斜，重心在前脚掌。拉力器的绳索置于高处，两手握住把手，张开两臂，手肘稍屈。

向后动作阶段：

◎ 手肘始终保持稍屈不动，两手向两侧展开至最大拉伸幅度，稍停。

◎ 手肘弯曲角度不要过大，保持肘关节与绳索在一个平面内。

图 3 – 15　站姿拉力器夹胸

向前动作阶段：

◎ 保持两臂微屈，集中以胸大肌的收缩力，从身体两侧拉引手柄至中间靠拢，同时使胸大肌处于顶峰收缩位，稍停。

◎ 要使胸大肌内侧得到最大限度的刺激，可以使两手柄在胸前呈交叉状。

◎ 向中间拉引绳索时，上体不能前倾下压。

（十四） 俯卧撑 （图 3 – 16）

主要锻炼肌肉：胸大肌、三角肌前束、肱三头肌。

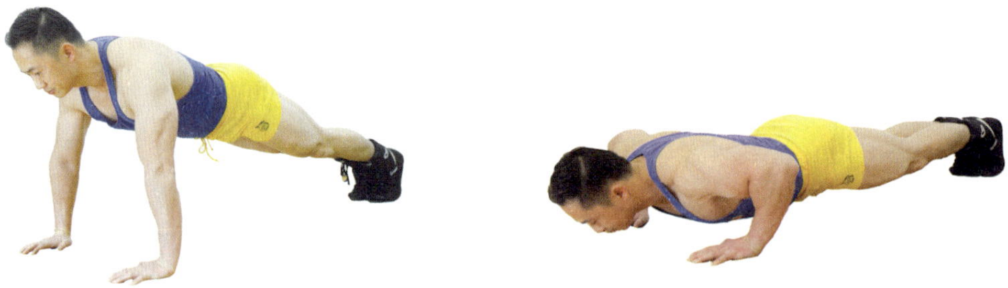

图 3 – 16　俯卧撑

预备姿势：

两手支撑在地面上，两手间的距离略宽于肩，两臂完全伸直并垂直于地面，两腿并拢脚尖触地支撑，挺胸抬头、收腹、背腰臀一条线，目视前方。全身稍紧张，保持身体稳定。

向下动作阶段：

◎ 吸气，固定胸腔，挺直躯干，屈肘下降时双肘外展指向身体两侧，稍停顿，使胸大肌有充分的拉伸感。

◎ 整个下降过程要采用消极用力控制缓慢下落。

向上动作阶段：

◎ 呼气，集中胸大肌的收缩力向上推起身体离开地面，直至两臂完全伸直并垂直于地面。

◎ 在上推过程中必须使胸大肌处于“挺胸沉肩”姿态。

（十五）双杠臂屈伸（图3－17）

主要锻炼肌肉：胸大肌下部、三角肌前束、肱三头肌。

图3－17　双杠臂屈伸

预备姿势：

两手握杠端，直臂支撑，身体稍向前探出，收腹直腰，目视前方，两脚可交叉叠加在一起。高级训练者可在两脚处加沙袋或重物。

向下动作阶段：

◎ 吸气，屈臂，使身体平稳、缓慢地向前下方下降，直至胸大肌处于最大拉伸位。

◎ 错误动作：下降时速度过快，没有控制。

向上动作阶段：

◎ 呼气，集中胸大肌的力量使身体缓慢向后、向上移动。

◎ 在身体上行阶段，身体重心不能向前。

第二节　背部训练动作

一、背阔肌和斜方肌解剖结构及功能分析

（一）背阔肌

背阔肌位于胸背区下部和腰区浅层宽大的扁肌，背阔肌呈扇形，是宽阔平坦的三角形肌肉（图3－18）。它的起点范围较广，起于下6胸椎和全部腰椎棘突、骶正中嵴、髂嵴后部及下3肋骨外侧面，其肌纤维附着于脊柱（从胸6至骶骨），然后绕行于肋骨骨架和上肢之间，止于肱骨前面的小结节间沟，其上部肌纤维在达肱骨以前先走行并附着于肩胛下角。背阔肌是多关节肌肉，近固定时，向心收缩使上臂内收、伸、旋内。远固定时，拉躯干向上，并协助呼气。

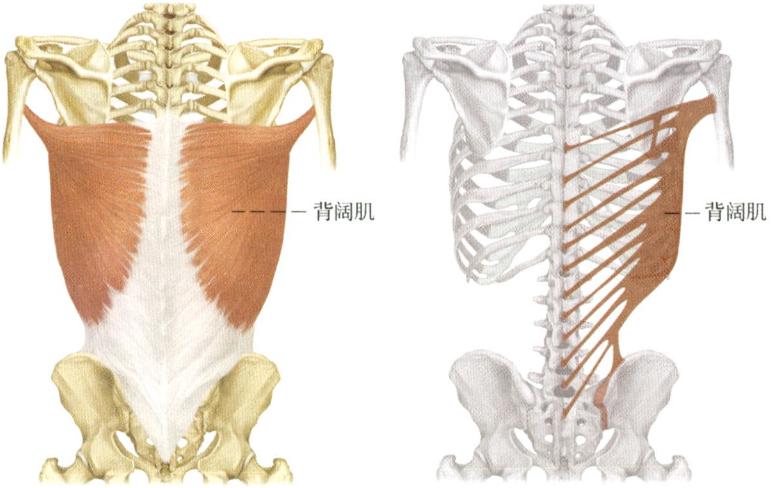

图3－18　背阔肌解剖结构

（二）斜方肌

斜方肌位于项区和胸背区上部的扁肌（图3－19）。起于枕外隆凸、项韧带及全部胸椎棘突，止于锁骨外1/3、肩峰及肩胛冈。近固定时，上部肌纤维收缩使肩胛骨上提、上回旋和后缩。下部肌纤维收缩使肩胛骨下降、上回旋和后缩。中部肌纤维收缩使肩胛骨后缩。远固定时，一侧肌纤维收缩使头向同侧屈并向对侧回旋。两侧上部同时收缩，使头后

仰（伸）。一侧整块肌肉收缩使脊柱向对侧回旋。两侧整块肌肉收缩使脊柱伸。

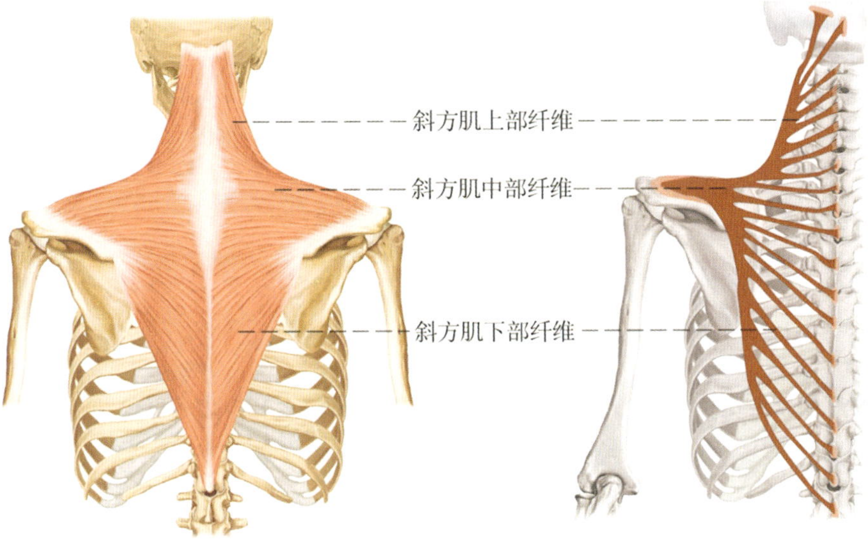

图 3－19　斜方肌解剖结构

二、背部训练动作

（一）俯立杠铃划船（图 3－20）

主要锻炼肌肉：背阔肌、大圆肌、小圆肌、冈下肌、斜方肌、三角肌后束、肱肌。

图 3－20　俯立杠铃划船

预备姿势：

两脚自然站立于地面，与肩同宽，两腿微屈，挺胸收腹直背，身体向前弯曲与地面平行。两手心向下握住杠铃，握距比肩略宽，两臂自然伸直。

向上动作阶段：

◎ 集中背部肌肉的力量收缩使大臂向后，肘部向背部中间靠近，并把横杠拉至下腹，背阔肌达到最大收缩，稍停。

◎ 在向上动作阶段中，身体不能随着杠铃的后移而向上抬起，肘部必须向背部中间靠拢。

向下动作阶段：

◎ 以背阔肌的张力控制慢慢下落，两臂自然伸直。

◎ 下落时，背部肌肉要充分伸展。

（二） 单臂哑铃划船 （图3-21）

主要锻炼肌肉：背阔肌、大圆肌、小圆肌、冈下肌、斜方肌、三角肌后束、肱肌、肱桡肌。

图3-21 单臂哑铃划船

预备姿势：

单手握住哑铃，另一只手扶在凳子上或者一条腿跪在凳面上，拳眼向前，手臂自然下垂在身体的一侧，挺胸抬头目视前方，使整个上背肌群处于充分的伸展状态。

向上动作阶段：

◎ 集中背部肌群收缩的力量屈肘带动哑铃贴紧身体一侧提拉，肘部向内夹紧，至上臂平行于或超过地面，使上背部肌群达到最大收缩位。

◎ 错误动作：身体转动而不是背部肌群用力。

向下动作阶段：

◎ 腰腹收紧，集中背部肌群的力量控制下哑铃缓慢沿着体侧下放，直至手臂自然下垂在身体的一侧，整个上背肌群处于充分的伸展状态。

◎ 下降过程不能转动身体。

（三）坐姿拉力器划船（图3－22）

主要锻炼肌肉：背阔肌、大圆肌、小圆肌、冈下肌、三角肌后束、肱肌。

图3－22　坐姿拉力器划船

预备姿势：

坐在凳上或地上，两脚踩在踏板上，膝关节略弯，身体略向前倾，两臂伸直握杠。背部微微向前拱起，略含胸，使背部肌群得到最大程度的伸展。

向后动作阶段：

◎ 集中背部肌群的收缩力带动上臂向后移动并贴紧腹部，胸部挺出，使肩胛骨收缩靠紧中间脊柱，整个背部充分收缩后，稍停。

◎ 练习时上体不能摆动，更不能使用竖脊肌的力量完成动作。

向前动作阶段：

◎ 以背部肌群的力量控制住拉力器，两肩同时向前伸展，带动上臂缓慢平行前移，使背部肌群得到最大程度的伸展。

◎ 向前阶段要充分伸展背部肌群。

（四）坐姿器械下拉（图3－23）

主要锻炼肌肉：背阔肌、大圆肌、小圆肌、冈下肌、三角肌后束、肱肌。

预备姿势：

坐在练习凳上，两脚踏于地面，身体略微后倾，两臂充分伸直握住横杠把手，腰背挺直，目视前方。

图 3－23　坐姿器械下拉

向下动作阶段：

◎ 呼气，利用背阔肌的力量将横杠沿着头部上方直线下拉至上胸部，同时头略向后仰，使两侧肩胛骨向中间靠拢，整个背部充分收缩。

◎ 过度的后仰会影响背阔肌的刺激效果。

向上动作阶段：

◎ 吸气，在背部肌群力量的控制下两臂缓慢向上，直至两臂充分伸直，充分伸展背阔肌。

◎ 动作要均匀、缓慢，向上阶段动作要缓慢。

（五）站姿直臂下压（图 3－24）

主要锻炼肌肉：背阔肌、大圆肌、胸大肌。

预备姿势：

自然站立，两脚与肩同宽，上体略前倾，腰腹部要收紧，身体保持稳定。

两手握持横杠，两手间距采用中握距，两臂微屈，位于胸前上方，以背部肌群的张紧力控制住横杆。

图 3－24 站姿直臂下压

向下动作阶段：

◎ 利用背阔肌的力量拉引横杠从胸前向下、向后至大腿前面，使背部肌群处于顶峰收缩位，用力挤压背部肌群，稍停。

◎ 上体保持不动，肘关节不能有屈伸动作。

向上动作阶段：

◎ 缓慢、流畅、有控制地伸展背阔肌，使横杠还原至开始位置。

◎ 腰腹收紧，身体稳定，保持肘关节锁定状态，还原时不能放松。

（六）引体向上（图 3－25）

主要锻炼肌肉： 背阔肌、大圆肌、小圆肌、冈下肌、三角肌后束、肱肌。

预备姿势：

两手握住横杠使身体悬垂在单杠上，两手间的握距宽于肩，两腿自然弯曲或两脚交叉在一起。

向上动作阶段：

◎ 呼气，主要集中背部肌群的收缩力，两臂做屈臂动作拉引身体向上至横杆触及胸部，稍停。

◎ 要求身体不要前后摆动助力向上。

图 3－25　引体向上

向下动作阶段：

◎ 在背部肌群的控制下，身体缓慢向下，两臂伸直，充分伸展背阔肌。

◎ 下落阶段要缓慢、有控制。

（七）站姿杠铃耸肩（图 3－26）

主要锻炼肌肉： 斜方肌上部。

图 3－26　站姿杠铃耸肩

预备姿势：

两脚自然站立，两手比肩略宽正手握杠铃。腰腹收紧、身体保持稳定。

向上动作阶段：

◎ 以斜方肌的收缩力缓慢、平稳带动肩部垂直向上耸起至最大幅度，稍停。

◎ 整个过程手臂伸直，身体不能摆动。

向下动作阶段：

◎ 以斜方肌的张力缓慢地下沉两肩，使斜方肌都得到完全的伸展。

◎ 下降时，速度要缓慢，有控制地下落。

（八）俯立杠铃耸肩（图3－27）

主要锻炼肌肉：斜方肌中部。

图3－27　俯立杠铃耸肩

预备姿势：

两脚自然站立，与肩同宽，两腿微屈，挺胸收腹直背，身体向前弯曲与地面平行。两手心向后握住杠铃于体前，两肩下沉，手臂自然下垂。

向上动作阶段：

◎ 集中斜方肌的收缩力缓慢、平稳带动肩关节垂直向上耸起，直到最大收缩幅度，稍停。

◎ 向上耸肩时上体保持不动。

向下动作阶段：

◎ 以斜方肌的张力缓慢地带动两肩向下放杠铃，使斜方肌中部都得到完全的伸展。

◎ 下落过程要缓慢，有控制。

（九）站姿哑铃耸肩（图3－28）

主要锻炼肌肉： 斜方肌上部。

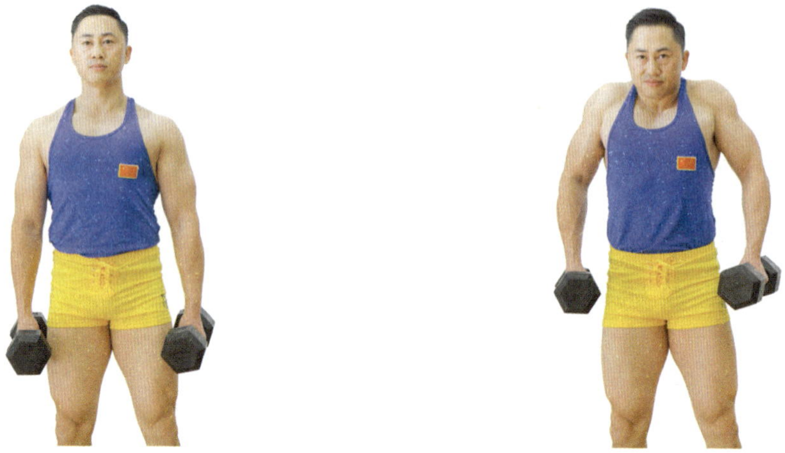

图3－28　站姿哑铃耸肩

预备姿势：

两脚自然站立，两手握哑铃两臂垂于体侧，挺胸抬头，腰腹收紧，目视前方。

向上动作阶段：

◎ 以斜方肌的收缩力缓慢、平稳带动肩关节垂直向上耸起，直至斜方肌最大收缩位，稍停。

◎ 向上阶段尽量不用猛力，不用惯性。

向下动作阶段：

◎ 以斜方肌的张力缓慢下沉两肩，使斜方肌都得到完全的伸展。

◎ 下落时要均匀、缓慢、有控制。

第三节　肩部训练动作

一、三角肌解剖结构及功能分析

三角肌是单一的一块扇形肌肉，而非三块独立的肌肉。中三角肌位于中间，故称为中三角肌，它实际上是人体中最靠近外侧的肌肉。前束、中束附着于锁骨外侧半和肩峰之上，中束、后束附着于肩峰和肩胛骨的肩胛冈，三束肌肉共同止于肱骨侧面的三角肌粗隆，几乎覆盖了肱骨的一半长度（图3－29）。三角肌的主要功能是：在近固定时，前部肌纤维使上臂屈、水平屈、旋内；后部肌纤维使上臂伸、水平伸、旋外；中部肌纤维或整块肌肉使上臂外展。

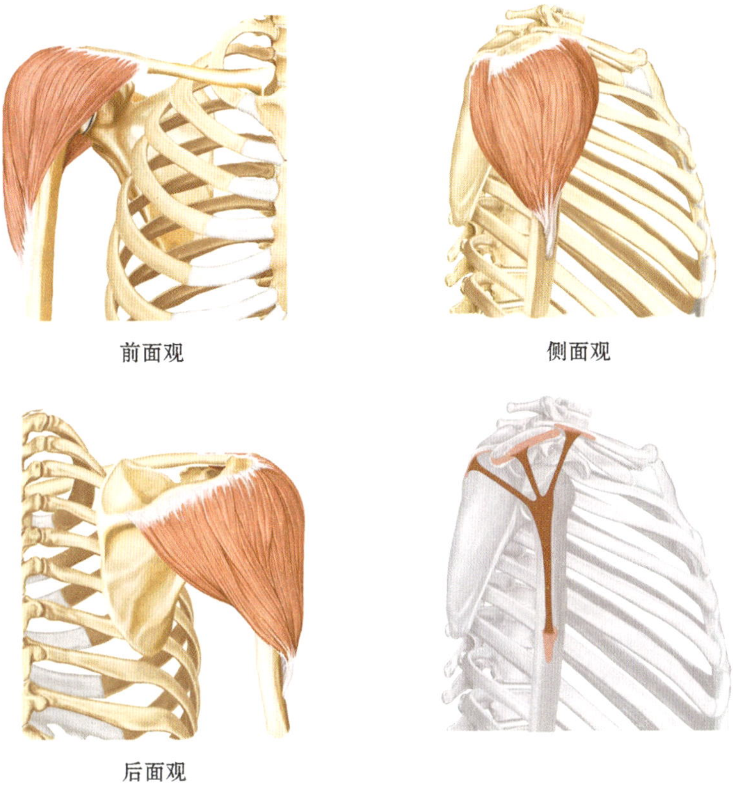

图3－29　三角肌解剖结构

二、肩部训练动作

（一）坐姿杠铃颈前推举

主要锻炼肌肉：三角肌、上胸部、肱三头肌。

预备姿势：

坐于长凳或推举练习凳上，挺胸直腰，收紧腰腹部，保持身体稳定。两手握住横杠，握距略比肩宽，把杠铃提起置于上胸部，小臂垂直地面。

向上动作阶段：

◎ 保持身体不动，把杠铃向上推起至两臂伸直，稍停。

◎ 上推阶段不要使用猛力、爆发力。

图 3－30　坐姿杠铃颈前推举

向下动作阶段：

◎ 用三角肌的控制力把杠铃缓慢、流畅下放至上胸部，暂停。

◎ 下放时要控制杠铃的速度，下放至最低点时三角肌要保持张力，小臂垂直地面。

（二） 直立划船 （图 3－31）

主要锻炼肌肉： 三角肌、肱肌、肱桡肌、肱二头肌、斜方肌。

预备姿势：

自然站立，两脚与肩同宽，腰腹收紧，两手采用窄握距握住杠铃置于体前。

错误姿势： 腰腹没有收紧，身体不稳定。

向上动作阶段：

◎ 动作开始时，以三角肌的收缩力缓慢、平稳带动杠铃垂直向上，直至超过肩部，上拉时肘关节始终高于杠铃。

◎ 整个过程都要利用三角肌的力量完成，身体不能前后摆动。

向下动作阶段：

◎ 以三角肌的张力缓慢控制杠铃沿身体前侧下落，还原至开始位置。

◎ 下放落时速度要均匀、缓慢、有控制。

图 3－31　直立划船

（三）站姿杠铃前平举（图 3－32）

主要锻炼肌肉：三角肌前束和中束、胸大肌上部、肱二头肌。

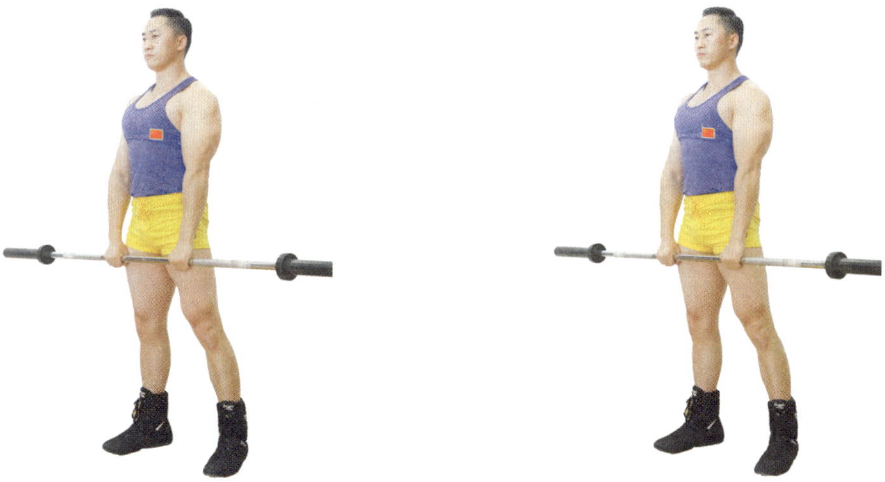

图 3－32　站姿杠铃前平举

预备姿势：

自然站立，两脚与肩同宽，腰腹收紧，两手采用中握距握住杠铃置于体前。

向上动作阶段：

◎ 动作开始时，两肘微屈，两手向前上方举起杠铃至两耳高度，稍停。

◎ 腰腹收紧、身体不能前后摆动。

向下动作阶段：

◎ 持杠铃放下时，以三角肌的力量控制杠铃缓慢下落至开始位置。

◎ 下放时要均匀、缓慢、有控制。

（四） 坐姿哑铃推举 （图3－33）

主要锻炼肌肉：三角肌、上胸部、肱三头肌。

图3－33 坐姿哑铃推举

预备姿势：

坐在长凳或有靠垫的凳上，两脚分开踏在地面上，目视前方，抬头挺胸，直腰挺背。将哑铃分别放在两肩两侧，小臂垂直地面，掌心向前。

向上动作阶段：

◎ 上体保持不动，集中三角肌的收缩力，由两肩外侧向上方分别推起哑铃，形成两个半弧，直至两臂接近伸直，哑铃处在头顶上方为止，稍停。

◎ 为了更好集中三角肌的收缩力，必须以肩关节为支点由两肩外侧向中间上方推哑铃，形成两个半弧。

◎ 如果在肘关节伸直前就停下来，开始下放哑铃，则练习效果会大大加强。

向下动作阶段：

◎ 均匀、缓慢控制住哑铃经肩部两侧下落，还原至开始位置。

◎ 错误动作：在推举过程中两侧哑铃竖直向上推，晃动身体借力，两只手用力不均衡。

（五）站姿哑铃侧平举（图3－34）

主要锻炼肌肉：三角肌中束、前束、后束。

图3－34　站姿哑铃侧平举

预备姿势：

自然开立，两脚与肩同宽，身体略微前倾，两手握住哑铃置于身体两侧。为防止身体晃动而借力，可采用坐姿。

向上动作阶段：

◎ 动作开始时，两手同时缓慢向身体两侧画半圆弧，直至哑铃略超过肩部，稍停。

◎ 要始终保持三角肌持续紧张，肘关节不能有屈伸动作。

向下动作阶段：

◎ 持哑铃放下时，以三角肌的力量控制哑铃慢慢下落，直至手臂与体侧成10～15度的夹角停住。

◎ 错误动作：在做动作时耸肩，通过摆动身体借力完成动作。

（六）站姿哑铃前平举（图3－35）

主要锻炼肌肉：三角肌前束。

图 3－35　站姿哑铃前平举

预备姿势：

自然开立，两脚与肩同宽，身体略微前倾，两手持哑铃置于大腿前侧。

向上动作阶段：

◎ 动作开始时，两手缓慢将哑铃向前上举，直至哑铃略超过肩部，稍停。

◎ 要始终保持三角肌持续紧张，肘关节略弯曲但不能有屈伸动作。

向下动作阶段：

◎ 持哑铃放下时，以三角肌的力量控制哑铃缓慢下落，还原至开始位置。

◎ 下落时要有控制，选择能控制的重量。

（七）俯立哑铃侧平举（图 3－36）

主要锻炼肌肉：三角肌后束、斜方肌。

图 3－36　俯立哑铃侧平举

预备姿势：

两脚自然站立，与肩同宽，两腿微屈，身体向前弯曲至与地面平行。两手掌心相对握住哑铃，两臂自然下垂，肘关节微屈，肩、肘、手腕在一个平面内。

向上动作阶段：

◎ 保持两臂微屈，将哑铃从两侧向上慢慢平举至两肘与肩同高的位置，使三角肌处于顶峰收缩位，稍停。

◎ 不可猛抬、猛拉，大臂不能做内收动作。

向下动作阶段：

◎ 以三角肌后束的张紧力缓慢、流畅下放至肩下方位置，暂停。

◎ 下放过程两臂微屈，大小臂夹角保持不变。

（八）侧卧哑铃侧平举（图3－37）

主要锻炼肌肉：三角肌中束。

图3－37　俯卧哑铃侧平举

预备姿势：

身体侧卧在斜板上，以一只手屈臂支撑固定身体，一只手持哑铃放于大腿外侧，直腰挺背，目视前方。由于身体侧面接触面较小，稳定性差，保持身体稳定非常重要。

向上动作阶段：

◎ 动作开始时，集中三角肌的收缩力带动哑铃缓慢向体侧画半圆弧，至上臂与地面垂直，稍停。

◎ 要保持三角肌持续紧张，哑铃举到上臂与地面垂直即可，肘关节不能有屈伸动作。

向下动作阶段：

◎ 吸气，持哑铃下放时，以三角肌的力量控制哑铃慢慢放至身体一侧的大腿上方5～10厘米位置，稍停。

◎ 哑铃下放时可以在身体前面、身体侧面、身体后面，这样刺激重点略有改变。

（九） 坐姿史密斯推举 （图3－38）

主要锻炼肌肉：三角肌、肱三头肌。

图3－38 坐姿史密斯推举

预备姿势：

史密斯架内放置长凳，端坐于横杆的下方位置，收紧腰腹，挺胸直腰。两手比肩略宽握杠，把横杆放于上胸部，小臂垂直于地面。

向上动作阶段：

◎ 保持身体不动，把杠铃向上推起至两臂伸直或微屈状态，稍停。

◎ 上推阶段不使用猛力、爆发力。

向下动作阶段：

◎ 用三角肌的控制力缓慢、流畅地下放至上胸部，暂停。

◎ 下放至最低点时三角肌要保持张力及最大的拉伸。

（十）坐姿器械推举（图3－39）

主要锻炼肌肉： 三角肌、肱三头肌、斜方肌。

图3－39　坐姿器械推举

预备姿势：

坐在器械凳上，两脚踏在地面上，抬头挺胸，直腰挺背，目视前方。两手握住器械手柄，小臂垂直于地面。

向上动作阶段：

◎ 动作开始时，以三角肌的收缩力沿着轨道向上推起，直至两臂伸直。

◎ 错误动作：在上推过程中腰腹没有收紧、耸肩借力、两只手用力不均衡。

向下动作阶段：

◎ 以三角肌的控制力缓慢下落至开始位置。

◎ 错误动作：下落速度过快，动作没有控制。

（十一）站姿拉力器侧平举（单臂）（图3－40）

主要锻炼肌肉： 三角肌中束。

预备姿势：

调整拉力器至最低点，自然开立，两脚与肩同宽，身体侧对低滑轮，左手握住拉力器把手置于身体左侧，目视前方。为保持身体稳定，可采用右手扶器械以保持身体平衡。

向上动作阶段：

◎ 身体不动，左手肘关节保持微屈不变，从体侧由下向外上方用力拉引绳索，直至手腕超过头部高度，稍停。

◎ 整个过程要保持三角肌持续紧张，不能猛拉。

图 3－40　站姿拉力器侧平举（单臂）

向下动作阶段：

◎ 持绳索放下时，以三角肌的力量控制绳索缓慢下落，直至离左侧大腿 5 厘米处停下。

◎ 错误动作：下放速度过快，身体晃动幅度太大。

（十二）站姿拉力器前平举（单臂）（图 3－41）

主要锻炼肌肉：三角肌前束。

图 3－41　站姿拉力器前平举（单臂）

预备姿势：

调整拉力器至最低点，自然开立，两脚与肩同宽，身体正对低滑轮，左手握住拉力器把手置于体前，目视前方。为保持身体稳定，腰腹收紧。

向上动作阶段：

◎ 身体不动，左手肘关节保持微屈不变，从体前由下向外上方用力拉引绳索，直至手腕超过头部高度，稍停。

◎ 整个过程要保持三角肌持续紧张，不能猛拉，手臂不能有屈伸动作。

向下动作阶段：

◎ 持绳索放下时，以三角肌的力量控制绳索缓慢下落，直至离大腿前侧 5 厘米处停下。

◎ 错误动作：下放速度过快，身体晃动幅度太大。

（十三）俯立拉力器侧平举（单臂）（图 3－42）

主要锻炼肌肉：三角肌后束。

图 3－42　俯立拉力器侧平举（单臂）

预备姿势：

调整拉力器至最低点，两脚平行开立，略宽于肩，上体前屈至地面平行，手臂自然弯曲，握住绳索手柄。为保持身体稳定，腰腹收紧，左手支撑腿部。

向右动作阶段：

◎ 身体保持不动，右手肘关节保持微屈不变，右手用力拉引绳索向右侧方上举至肘部略高于肩，稍停。

◎ 整个过程要保持三角肌后束持续紧张，动作要均匀、缓慢，不能猛拉，手臂不能有屈伸动作。

向左动作阶段：

◎ 持绳索向左时，以三角肌的力量控制绳索缓慢左移，直至三角肌后束拉伸至最大位置。

◎ 错误动作：回放速度过快，身体发生转动。

第四节　大臂训练动作

一、大臂解剖结构及功能分析

（一）肱二头肌

肱二头肌位于上臂前面，呈梭形，屈小臂时，清晰可见。该肌有长、短两头，属于双关节肌肉（图3－43）。长头起自肩胛骨盂上结节，短头起自肩胛骨喙突，两个起点汇合成一个肌腹，止于桡骨粗隆和前臂筋腱膜。近固定可使上臂在肩关节处屈，前臂在肘关节处屈和旋外。远固定时可使上臂在肘关节处屈，即上臂向前臂靠拢。

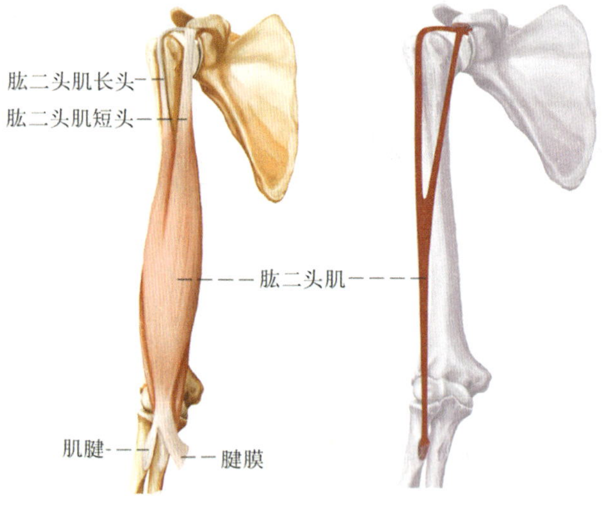

图3－43　肱二头肌解剖结构

（二）肱　肌

肱肌位于二头肌下半部的深层，为梭形扁肌（图 3－44）。起于肱骨下半部的前面，止于尺骨粗隆。近固定时，使前臂在肘关节处屈。远固定时，使上臂在肘关节处屈。该肌功能单一，是屈肘的主要肌肉。

（三）喙肱肌

喙肱肌位于上臂上半部的前内侧，为一块较小的长梭形肌（图 3－45）。肌束从喙突斜向下方。喙肱肌起于肩胛骨喙突，止于肱骨中部内侧。近固定时使上臂屈、内收和旋外。

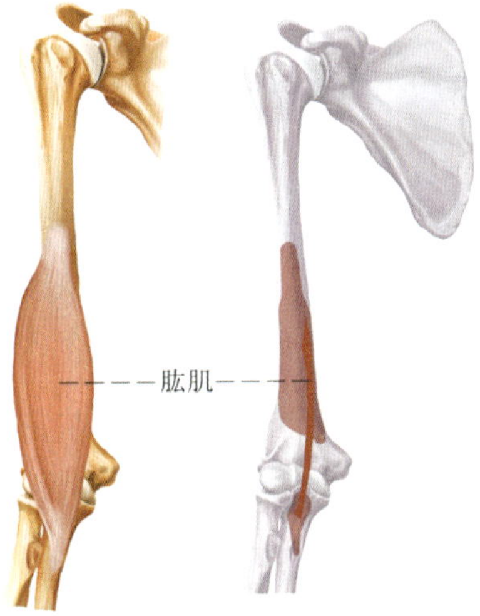

图 3－44　肱肌解剖结构

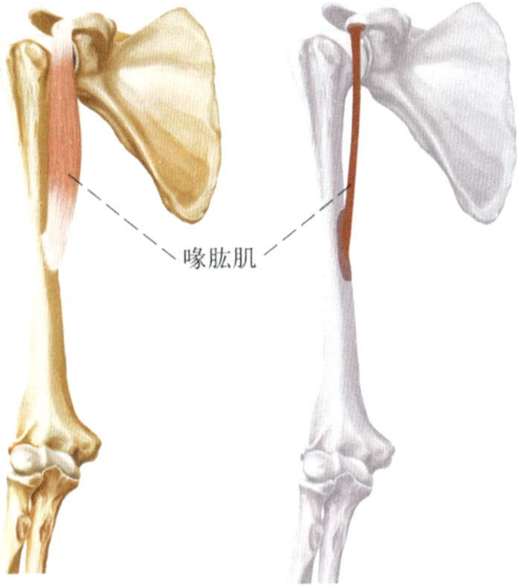

图 3－45　喙肱肌解剖结构

（四）肱三头肌

肱三头肌位于手臂后面，覆盖肱骨的后表面（图 3－46）。肱三头肌由三个头组成，在上臂后面的内侧有长头和内侧头，外侧有外侧头，它们汇集成一个共同的肌腱止于尺骨鹰嘴。长头起自肩胛骨盂下结节，内侧头起始于肱骨后面桡神经沟内下方骨面，外侧头起始于桡神经沟外上方骨面。近固定时，长头使上臂在肩关节处伸，三头共同收缩使前臂在肘关节处伸。远固定时，使上臂在肘关节处伸。

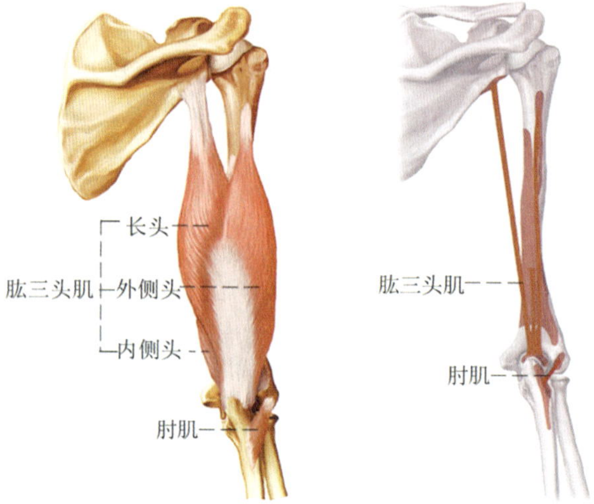

图 3－46　肱三头肌解剖结构

二、大臂训练动作

（一）站姿杠铃弯举（图 3－47）

主要锻炼肌肉：肱二头肌、肱肌。

图 3－47　站姿杠铃弯举

预备姿势：

自然开立，两脚与肩同宽，腰腹收紧，两手握持杠铃垂于体前，握距与肩同宽。两臂握持杠铃，两肘夹紧并固定大臂。

向上动作阶段：

◎ 动作开始时，集中肱二头肌的收缩力带动前臂向上划半圆状弯举至肩前，使前臂垂直地面，稍停。

◎ 练习过程中不借助身体晃动来完成动作，仅仅依靠肱二头肌的力量带动杠铃向上弯举。

向下动作阶段：

◎ 以肱二头肌的控制力缓慢下落至开始位置，稍停。

◎ 下落过程不能太快，均匀、缓慢、有控制。

（二）站姿杠铃正握弯举（图3－48）

主要锻炼肌肉：肱肌、肱二头肌。

图3－48　站姿杠铃正握弯举

预备姿势：

两脚自然开立，与肩同宽，抬头挺胸，腰腹收紧，目视前方。两手正握杠铃，掌心向下，握距与肩同宽。

向上动作阶段：

◎ 动作开始时集中肱二头肌的收缩力带动前臂向上划半圆状弯举至肩前，稍停。

◎ 杠铃弯举过程中，上臂固定不动，身体不能晃动。

向下动作阶段：

◎ 集中肱肌的力量缓慢下落至开始位置，稍停。

◎ 杠铃在下落阶段动作要缓慢、有控制。

（三） 坐姿哑铃弯举 （图3－49）

主要锻炼肌肉： 肱二头肌、肱肌。

图3－49 坐姿哑铃弯举

预备姿势：

坐在有靠板的凳面上，两脚踏在地面上，抬头挺胸，直腰挺背，目视前方。两手掌心向上持哑铃，两臂垂于体前，两肘夹紧并固定大臂。

向上动作阶段：

◎ 动作开始时，集中肱二头肌的收缩力带动前臂向上收缩划半圆弯举至肩前，稍停。

◎ 肱二头肌收缩至肩前的同时小臂旋外，使肱二头肌得到更大的收缩。

向上动作阶段：

◎ 集中肱二头肌的控制力缓慢下落，使前臂还原至开始位置。

◎ 哑铃在下降过程中要始终在控制下完成，动作要缓慢。

（四） 交替哑铃侧弯举 （图3－50）

主要锻炼肌肉： 肱桡肌、肱肌、肱二头肌。

预备姿势：

自然站立，两脚与肩同宽，收紧腰腹部。两手握持哑铃于体侧，保持身体稳定。

向上动作阶段：

◎ 肘紧贴身体固定，手持哑铃，掌心向内，把哑铃缓慢向上弯起，收缩肱肌及前臂肌肉。

◎ 在动作的上升过程，身体不能摆动。

向下动作阶段：

◎ 利用主动肌的力量有控制地、缓慢流畅地将哑铃放下至肘关节处于微屈状态。

◎ 主动肌拉长时肌肉处于持续用力状态，全程不放松。

图 3－50　交替哑铃侧弯举

（五）俯坐单臂哑铃弯举（图 3－51）

主要锻炼肌肉：肱二头肌、肱肌。

图 3－51　俯坐单臂哑铃弯举

预备姿势：

俯坐于长凳上，手持哑铃下垂于两腿之间，上臂的肱三头肌靠在大腿前部膝关节内侧；另一种是手臂悬垂在两腿间，这样可以使肱二头肌孤立集中收缩。

向上动作阶段：

◎ 慢慢弯曲小臂向上弯起至胸前，直至小臂垂直于地面。上臂不能移动，紧贴大腿内侧。

◎ 当弯起至胸前时，使肱二头肌尽量收紧，到动作顶端时前臂尽量外旋至最大收缩位置，稍停。

向下动作阶段：

◎ 利用肱二头肌力量的控制力缓慢流畅地回到开始位置。

◎ 在肘关节伸直的同时内旋小臂，可以使肱二头肌处于最大拉伸状态。

（六）斜托弯举（图3－52）

主要锻炼肌肉：肱二头肌、肱肌。

图3－52　斜托弯举

预备姿势：

坐在凳子上，两臂持杠铃置于斜托面，胸部紧贴斜托后端。上臂尽量向前伸出，处于“预拉紧”状态。

向上动作阶段：

◎ 大臂不动，向上缓慢弯曲前臂举起杠铃，当小臂垂直于地面时，稍停。

◎ 身体保持稳定，身体不要向后倾斜，不能有猛拉、缩肩动作。

向下动作阶段：

◎ 下放时，利用肱二头肌的控制力缓慢流畅地回到起始位置，稍停。

◎ 放下过程中，注意对抗阻力，肌肉始终不放松。

（七）直托弯举（图 3-53）

主要锻炼肌肉：肱二头肌、肱肌。

图 3-53　直托弯举

预备姿势：

坐在凳子上，握持杠铃，两臂置于垂直斜托面。

向上动作阶段：

◎ 大臂不动，向上弯曲小臂缓慢举起杠铃，尽力收缩肱二头肌，稍停。

◎ 用力的同时不能有缩肩、上拉动作。

向下动作阶段：

◎ 下放时，利用肱二头肌的控制力缓慢流畅地伸直手臂至最大伸展位，稍停。

◎ 放下过程中，动作均匀、缓慢、有控制，肌肉始终不放松。

（八）坐姿器械弯举（图 3-54）

主要锻炼肌肉：肱二头肌、肱肌。

预备姿势：

坐在调试好的坐垫上，两脚平踏于地面，背部贴紧靠背垫，两手握住把手，抬头挺胸，直腰直背，目视前方。

向上动作阶段：

◎ 动作开始时，集中肱二头肌的收缩力带动前臂向上收缩画半圆弯举至肩前，直至肱二头肌完全收紧后，稍停。

◎ 向上收缩时，大臂要有前屈的趋势，不能缩肩。

向下动作阶段：

◎ 集中肱二头肌的张力控制住缓慢下落，直至前臂垂直于地面。

◎ 在下落过程中动作要均匀、缓慢、有控制，大臂不能后伸。

图 3－54　坐姿器械弯举

（九）龙门弯举（图 3－55）

主要锻炼肌肉：肱二头肌、肱肌。

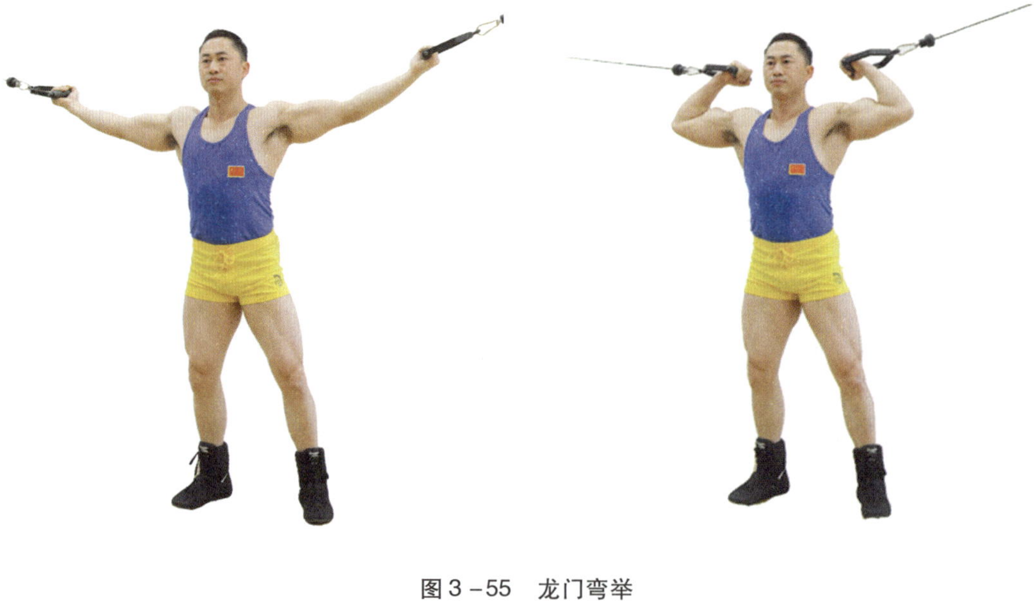

图 3－55　龙门弯举

预备姿势：

调整两侧滑轮到高于身高的位置上，两腿自然站立在两个滑轮正中间，挺胸直腰，两手从左右各抓握一个手柄，两臂伸直。

向内动作阶段：

◎ 身体不动，大臂固定，利用肱二头肌的力量弯曲小臂拉引绳索，直至肱二头肌完全收紧后，稍停。

◎ 在练习过程中，不要有向前、向下夹肘的动作，避免胸大肌和背阔肌过多锻炼用力。

向外动作阶段：

◎ 集中肱二头肌的力量缓慢做离心运动，直至伸直前臂。

◎ 在放回绳索过程中，动作速度要缓慢、流畅，肌肉不能放松。

（十） 凳上反屈伸 （图 3－56）

主要锻炼肌肉：肱三头肌。

图 3－56 凳上反屈伸

预备姿势：

身体仰撑于两个长凳间，两手撑在背后的凳子上，两腿放在身体前面的凳面上，身体其余部分全部悬空在两凳子中间，挺胸抬头、收腰。

向下动作阶段：

◎ 躯干不动，集中肱三头肌的力量缓慢屈肘使上身尽量下沉，直至最大拉伸幅度，稍停。

◎ 动作幅度要平稳、缓慢，臀部尽量下沉。

向上动作阶段：

◎ 集中肱三头肌的收缩力带动身体由后向上撑，直至手臂完全伸直。

◎ 动作要缓慢，用力时呼气。

（十一） 夹肘俯卧撑 （图 3－57）

主要锻炼肌肉：肱三头肌、胸大肌、三角肌前束。

预备姿势：

两手支撑在地面上，两手间的距离窄于肩，两臂完全伸直并垂直于地面，两腿并拢，收腹紧腰。

向下动作阶段：

◎ 动作开始时，两大臂夹紧身体两侧，屈肘缓慢下落，直至胸部离地面 2 厘米，稍停。

◎ 整个下降过程要缓慢，下落要有控制。

向上动作阶段：

◎ 集中肱三头肌的收缩力向上推起身体离开地面，直至两臂完全伸直。

◎ 推起过程中大臂必须紧贴身体两侧，动作要平稳。

图 3－57　夹肘俯卧撑

（十二）窄握杠铃卧推（图 3－58）

主要锻炼肌肉：肱三头肌、胸大肌。

图 3－58　窄握杠铃卧推

预备姿势：

仰卧在长凳上，使头、上背和臀部触及凳面，两脚平踏在地上，腰腹自然收紧，两肩下沉，两手伸直握杠，握距略窄于肩，保持身体的稳定。

向下动作阶段：

◎ 动作开始时，利用肱三头肌的控制力屈臂缓慢、流畅下降至接近胸面的位置。

◎ 当杠铃放下还原时，必须以肱三头肌的张紧力控制住慢慢放下至胸上方，稍停。

向上动作阶段：

◎ 集中以肱三头肌的收缩力使横杠向上推起，直至横杠处在两肩关节的上方。

◎ 杠铃在上升过程中大臂内收靠近身体两侧，并配合用力缓慢呼气。

（十三）仰卧杠铃臂屈伸（图3－59）

主要锻炼肌肉：肱三头肌。

图3－59　仰卧杠铃臂屈伸

预备姿势：

仰卧在长凳上，使头、上背部和臀部整体触及凳面，两脚平踏在地面，两手向上伸直握杠，握距与肩同宽。

向下动作阶段：

◎ 动作开始时，保持大臂固定不动，两手持杠铃缓慢向头顶后方下落。

◎ 下落时要均匀缓慢、有控制。

向上动作阶段：

◎ 集中肱三头肌的力量将小臂缓慢伸直，稍停。

◎ 两肘向内夹紧，伸小臂时大臂不能向前拉动肘部，不要借助背阔肌的力量。

（十四）颈后哑铃臂屈伸（图3－60）

主要锻炼肌肉：肱三头肌。

预备姿势：

坐在平凳上，两脚平踏在地上，紧腰收腹，两臂伸直将哑铃置于头部后方，大臂夹紧并固定在两耳外侧。

向下动作阶段：

◎ 动作开始时，保持身体和大臂不动，缓慢向后屈小臂向头后方落至最低点，稍停。

◎ 固定头颈，在用力的时候不要借力。

向上动作阶段：

◎ 集中肱三头肌的力量缓慢使哑铃沿着头后向上伸直小臂。

◎ 确保大臂夹紧并固定在两耳外侧，手肘不要向外展，同时身体也不要晃动。

图 3－60　颈后哑铃臂屈伸

（十五）俯立哑铃臂屈伸（图 3－61）

主要锻炼肌肉：肱三头肌。

图 3－61　俯立哑铃臂屈伸

预备姿势：

两腿自然站立与肩同宽，上身前屈至躯干与地面平行，大臂贴紧身体两侧，小臂下垂，两手握持哑铃。

向上动作阶段：

◎ 保持大臂不动，以肱三头肌的收缩力带动哑铃沿着体侧向上画半弧，直至小臂与大臂成一条直线，稍停。

◎ 集中注意力，固定大臂保持与地面平行不动。

向下动作阶段：

◎ 利用肱三头肌的力量缓慢沿着体侧向下画半弧，直至小臂垂直地面。

◎ 下落阶段要控制，身体尽量不要晃动。

（十六） 正握拉力器下压 （图3－62）

主要锻炼肌肉：肱三头肌。

图3－62 正握拉力器下压

预备姿势：

两腿自然站立，两脚与肩同宽，站在离横杆一步距离处，掌心向下握住横杠。

向下动作阶段：

◎ 动作开始时，集中肱三头肌的收缩力向下方按压器械横杆，直至小臂靠近大腿位置，稍停。

◎ 向下按压时身体不能前倾，上身不能有前屈动作。

向上动作阶段：

◎ 以肱三头肌的张力控制横杆缓慢向上，直至最大幅度。

◎ 向上时大臂不能离开身体，只有屈小臂的动作。

第五节　小臂训练动作

一、小臂解剖结构及功能分析

小臂肌群位于尺骨和桡骨周围，分为前群和后群，多数是长肌，肌腹厚而宽，肌腹位于近侧，细长的腱位于远侧，所以小臂上半部膨隆，而下半部逐渐变细。

腕关节的运动肌群根据腕关节的运动轴分为四个功能组群。小臂前侧的屈肌主要有桡侧腕屈肌、掌长肌、尺侧腕屈肌（图3－63）。指浅屈肌、指深屈肌在特定情况下运动腕关节。后侧的伸肌主要有尺侧腕伸肌、桡侧腕长伸肌、桡侧腕短伸肌（图3－64）。手指的伸肌，在指伸肌和示指伸肌的协助下，可以有助于握拳时伸腕动作的实现。腕关节内侧缘的内收肌主要有尺侧腕屈肌、尺侧腕伸肌。腕关节外侧缘的外展肌主要有桡侧腕屈肌、掌长肌、桡侧腕长伸肌、拇短展肌、拇短伸肌、拇长伸肌。这四个功能组群是参照平面上所定义的腕部运动，但是，实际上腕部的自然运动发生在一个倾斜平面上。为此，关节轴与不同肌肉的方向之间的关系是不可忽视因素。所有肌肉的走向和运动平面不是一致的，

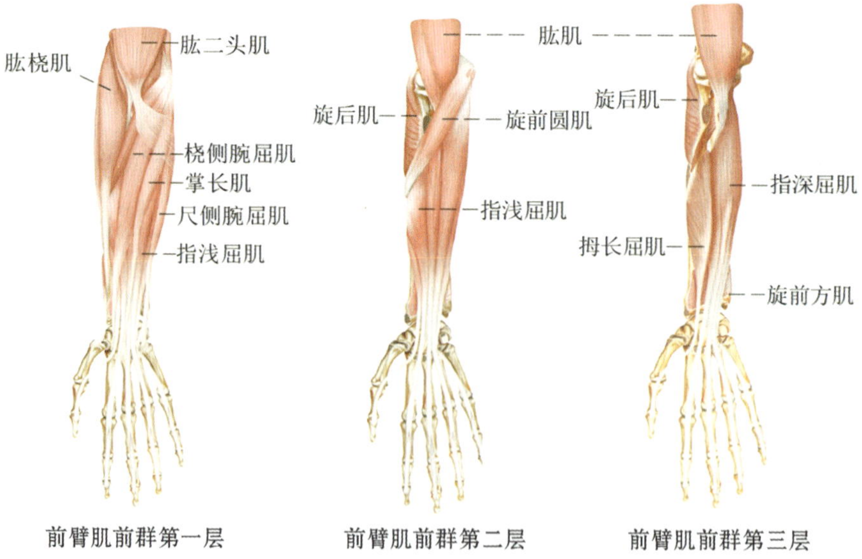

图3－63　小臂前侧肌群解剖结构

也就是说肌肉本身的纵轴没有和腕关节的任何一个轴发生垂直关系，因此没有纯粹的伸肌和屈肌，也没有纯粹的外展肌和内收肌。正因为这些肌肉都是斜向行走，所以当它们各自收缩时，除了产生其主要作用外，还产生辅助作用。

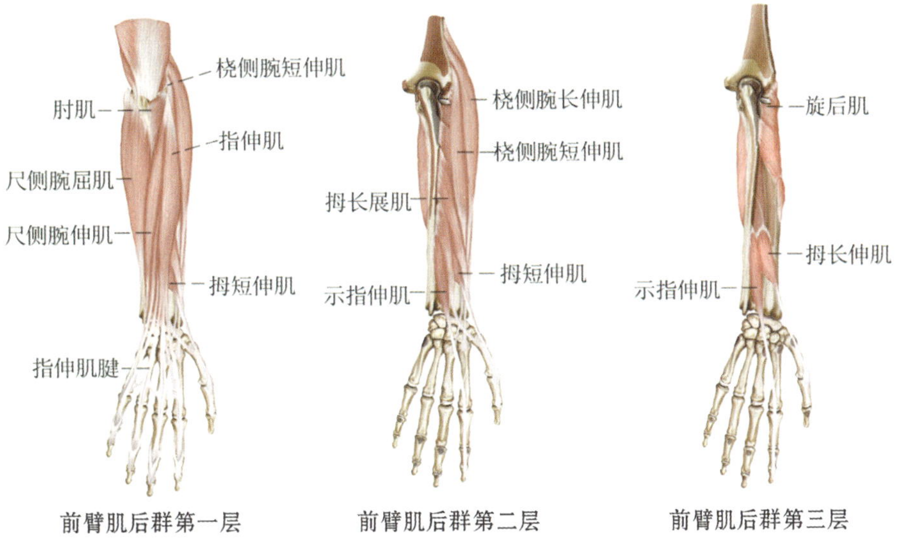

图3－64　小臂后侧肌群解剖结构

二、小臂训练动作

（一）坐姿反握杠铃腕弯举（图3－65）

主要锻炼肌肉：前臂屈肌群。

图3－65　坐姿反握杠铃腕弯举

预备姿势：

掌心向上，两手反握杠铃，握距与肩同宽。两手小臂放置于长凳上面，手腕、手掌和手指在凳子边沿之外悬空。

向下动作阶段：

◎ 小臂不动，伸展手腕，向下放杠铃。将杠铃下放到最大伸展位置，稍稍停顿。

◎ 握紧杠铃，最大限度伸展小臂伸肌。

向上动作阶段：

◎ 收缩小臂屈肌群，将杠铃向上提起，最大限度弯曲手腕，再稍稍停顿。

◎ 动作要平缓，有控制，不可快起快落。

（二） 坐姿正握杠铃腕弯举 （图 3 －66）

主要锻炼肌肉：前臂伸肌群。

图 3 －66 坐姿正握杠铃腕弯举

预备姿势：

掌心向下，两手正握杠铃，握距与肩同宽。两手小臂放置于长凳上面，手腕、手掌和手指在凳子边沿之外悬空。

向下动作阶段：

◎ 小臂不动，拉长小臂伸肌，将手腕尽可能地往下放。将杠铃下放到最大伸展位置，稍稍停顿。

◎ 握紧杠铃，最大限度拉长小臂屈肌，保证最大幅度。

向上动作阶段：

◎ 收缩小臂伸肌群，将杠铃尽可能地往上举至顶峰收缩位，再稍稍停顿。

◎ 动作要平缓，整个过程均匀、缓慢、有控制。

（三） 坐姿反握哑铃腕弯举 （图 3 －67）

主要锻炼肌肉：前臂屈肌群。

预备姿势：

掌心向上，两手反握哑铃。两手小臂放置于长凳上面，手腕、手掌和手指在凳子边沿之外悬空。

向下动作阶段：

◎ 小臂不动，伸展手腕，向下放哑铃。将哑铃下放到最大伸展位置，稍稍停顿。

◎ 握紧哑铃，最大限度伸展小臂屈肌。

向上动作阶段：

◎ 收缩小臂屈肌群，将哑铃向上提起，最大限度弯曲手腕，再稍稍停顿。

◎ 动作要平缓，有控制，不可快起快落。

图 3－67　坐姿反握哑铃腕弯举

（四）坐姿正握哑铃腕弯举（图 3－68）

主要锻炼肌肉：前臂伸肌群。

预备姿势：

掌心向下，两手正握哑铃。两手小臂放置于长凳上面，手腕、手掌和手指在凳子边沿之外悬空。

图 3－68　坐姿正握哑铃腕弯举

向下动作阶段：

◎ 小臂不动，拉长小臂伸肌，将手腕尽可能地往下放。将哑铃下放到最大伸展位置，稍稍停顿。

◎ 握紧哑铃，最大限度拉长小臂伸肌，保证最大幅度。

向上动作阶段：

◎ 收缩小臂伸肌群，将哑铃尽可能地往上举至顶峰收缩位，再稍稍停顿。

◎ 动作要平缓，整个过程均匀、缓慢、有控制。

（五） 体前反握杠铃腕弯举 （图 3 –69 ）

主要锻炼肌肉：前臂屈肌群。

图 3 –69　体前正握杠铃腕弯举

预备姿势：

自然站立，两脚与肩同宽，身体保持稳定。两手置于体前，掌心向前反握杠铃横杠，握距与肩同宽。

向上动作阶段：

◎ 收缩小臂屈肌，弯曲手腕将杠铃向上提起，在顶端稍稍停顿。

◎ 动作要平缓，有控制，不可快起快落。

向下动作阶段：

◎ 小臂不动，向下缓慢、流畅、有控制地放下杠铃，稍稍停顿。

◎ 向下不放松，尽量伸展小臂肌群。

（六） 体前正握杠铃腕弯举 （图 3 –70 ）

主要锻炼肌肉：前臂伸肌群。

预备姿势：

自然站立，两脚与肩同宽，身体保持稳定。两手置于体前，掌心向后正握杠铃横杠，握距与肩同宽。

图 3－70　体前反握杠铃腕弯举

向上动作阶段：

◎ 收缩小臂伸肌，弯曲手腕将杠铃向上提起，收缩至最大幅度，在顶端稍稍停顿。

◎ 动作要平缓，不可快起快落。

向下动作阶段：

◎ 小臂不动，向下缓慢、流畅、有控制地放下杠铃，稍稍停顿。

◎ 向下不放松，尽量伸展小臂肌群。

第六节　腰腹部训练动作

一、腰腹部解剖结构及功能分析

（一）腹直肌

腹直肌起于耻骨上缘和耻骨联合处，并且有小的纤维束连于对侧肌肉和股内收肌，止于第 5、第 6 和第 7 肋骨的前弓和肋软骨，以及胸骨剑突（图 3－71）。腹直肌的主要功能：下固定时，一侧收缩，使脊柱向同侧侧屈，两侧同时收缩，使脊柱前屈，并可降肋辅助呼气。上固定时，一侧收缩使骨盆向同侧侧倾，脊柱向同侧侧屈。两侧同时收缩，使骨盆后倾。无固定时，使胸廓下口和骨盆上口相互靠近，完成收腹团身动作。

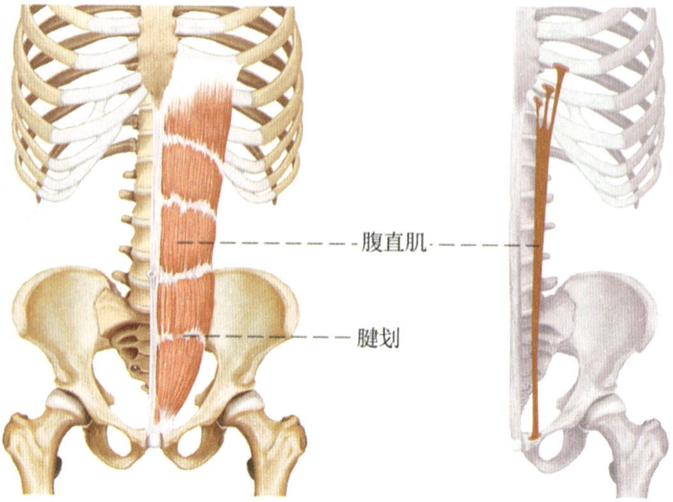

图 3－71　腹直肌解剖结构

（二）腹外斜肌

腹外斜肌以锯齿状肌束起自第 5～12 肋骨的外侧面，后部肌纤维向下止于髂嵴，前部肌束移行于腱膜，经腹直肌的前面，并锻炼构成腹直肌鞘的前层，止于腹白线（图 3－72）。腹内斜肌的主要功能：下固定时，一侧收缩，使脊柱向同侧侧屈和向对侧回旋。两侧同时收缩，使脊柱前屈，并可降肋辅助呼气。上固定时，一侧收缩使骨盆向同侧回旋及侧倾，使脊柱向同侧回旋及侧屈，两侧同时收缩，使骨盆后倾。无固定时，使胸廓下口和骨盆上口相互靠近，完成收腹团身动作。

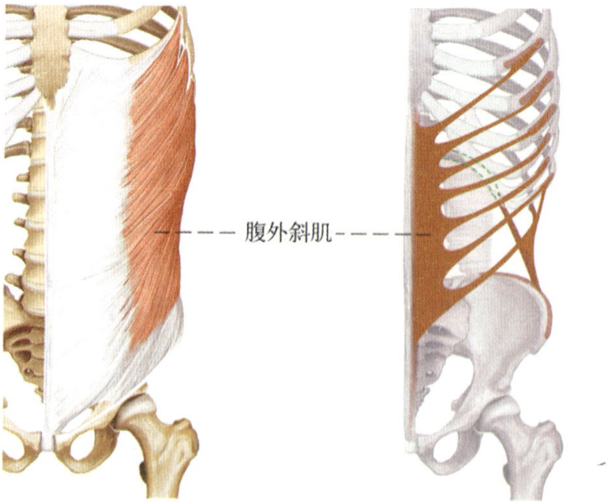

图 3－72　腹外斜肌解剖结构

（三） 腹内斜肌

腹内斜肌起于胸腰筋膜、髂嵴及腹股沟韧带外侧，后部肌束几乎垂直上升，止于第10～12肋骨下缘（图3－73）。前部肌束移行为腱膜，锻炼形成腹直肌鞘前层和后层，止于腹白线。腹内斜肌的主要功能：下固定时，一侧收缩，使脊柱向同侧侧屈和向同侧回旋。两侧同时收缩，使脊柱前屈，并可降肋辅助呼气。上固定时，一侧收缩使骨盆向对侧回旋及向同侧侧倾，使脊柱向对侧回旋及向同侧侧屈，两侧同时收缩，使骨盆后倾。无固定时，使胸廓下口和骨盆上口相互靠近，完成收腹团身等动作。

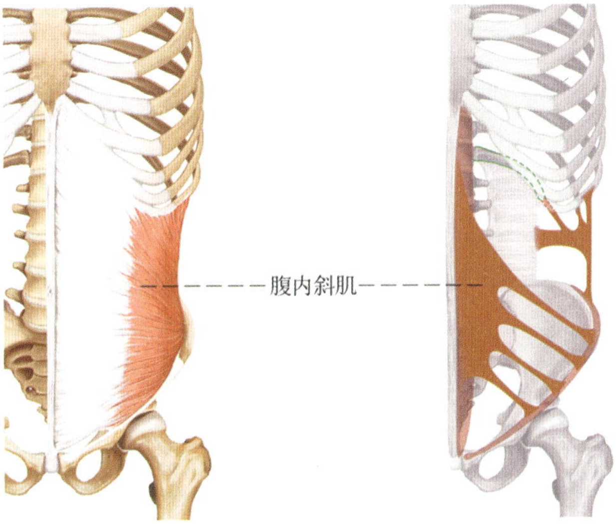

图3－73 腹内斜肌解剖结构

（四） 腹横肌

腹横肌是腹壁最内层的扁肌，其肌纤维起于胸腰筋膜，第7～12肋骨内面和腹股沟韧带外侧。肌束移行为腱膜，锻炼形成腹直肌鞘后层，止于腹白线（图3－74）。腹横肌与其他腹肌协同收缩，可增加腹压，协助完成咳嗽、呕吐、排便等生理功能。

（五） 竖脊肌

竖脊肌为脊柱后方的长肌，它以总腱起自骶骨背面、髂嵴后部、腰椎棘突和胸腰筋膜，向上分为三部：后外侧为髂肋肌，是一棱柱状的厚肌肉，止于肋骨的肋角（图3－75）。中间为最长肌，是脊柱两侧的长肌肉，止于腰部与胸椎的横突及下位10根肋骨。内侧为棘肌，止于颈、胸椎的棘突。下固定时，一侧收缩，使脊柱向同侧屈。两侧收缩，使头和脊柱伸。上固定时，两侧同时收缩，使脊柱伸并带动下肢后摆。一侧收缩，使脊柱侧屈。

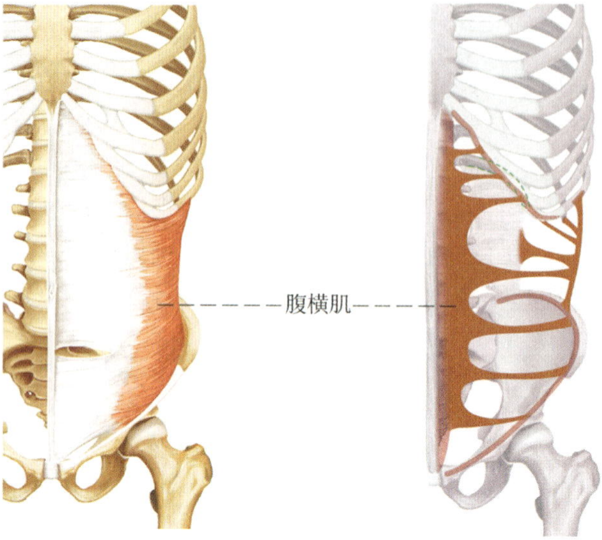

图 3－74　腹横肌解剖结构

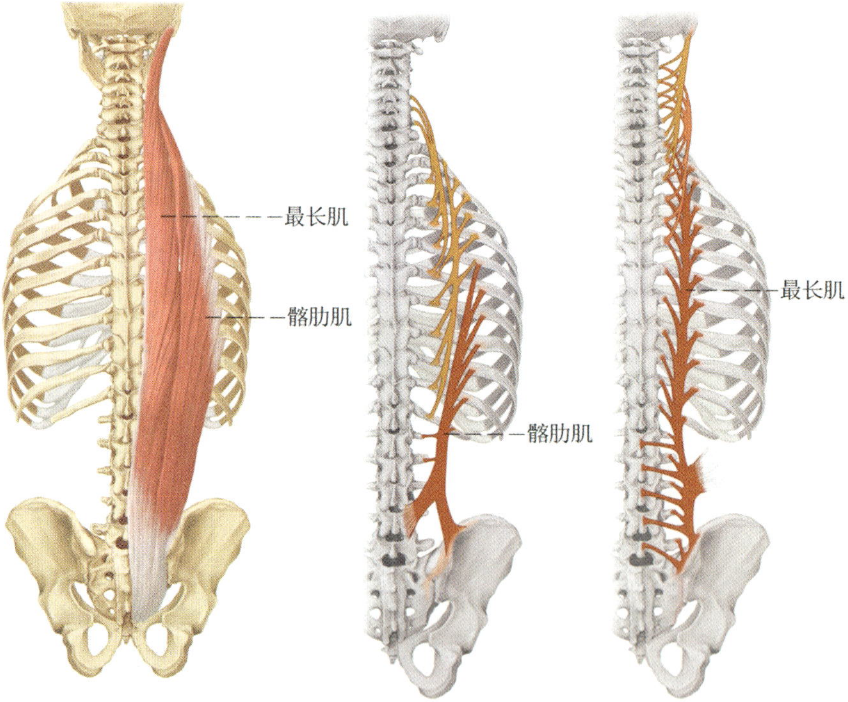

图 3－75　竖脊肌解剖结构

二、腰腹部训练动作

（一）仰卧卷腹（图3－76）

主要锻炼肌肉：腹直肌、腹内外斜肌、腹横肌。

图3－76　仰卧卷腹

预备姿势：

仰卧在垫上，两脚与肩同宽。屈膝，使大腿和小腿夹角成90度，两手放于体侧或头部两侧。

向上动作阶段：

◎ 动作将开始时，含胸收腹，使上背部离开地面，以腹部肌群的收缩力卷起上身。

◎ 在上体卷腹过程中，要“卷、压、吐”，也就是在动作中要卷腹，在卷腹的同时要对肌肉进行压缩，在压缩的同时要把腹腔的气体逐渐吐至“真空状态”，稍停。

向下动作阶段：

◎ 在腹部肌群的控制下缓慢、流畅、有控制地下落，依次是腰部、背部、头部。

◎ 下落过程中尽力拉长腹直肌，吸气。

（二）搁腿仰卧卷腹（图3－77）

主要锻炼肌肉：腹直肌、腹内外斜肌、腹横肌。

图3－77　搁腿仰卧卷腹

预备姿势：

仰卧在垫上，两脚与肩同宽。腿前放置一条与大腿齐高的长凳，把小腿放于凳面上，使大腿垂直于地面。

向上动作阶段：

◎ 动作将开始时，含胸收腹，使上背部离开地面，以腹部肌群的收缩力卷起上身，两肘尽量触及膝部。

◎ 在上体卷腹过程中，要“卷、压、吐”，也就是在动作中要卷腹，在卷腹的同时要对肌肉进行压缩，在压缩的同时要把腹腔的气体逐渐吐至“真空状态”，稍停。

向下动作阶段：

◎ 在腹部肌群的控制下缓慢、流畅、有控制地下落，依次是下背、上背、头部。

◎ 下降过程腹部不能凸起，充分拉长腹部肌群。

（三）悬垂收腹举腿（图3－78）

主要锻炼肌肉：腹直肌、腹内外斜肌、腹横肌。

图3－78　悬垂收腹举腿

预备姿势：

两手与肩同宽握住单杠，两臂自然伸直，两脚离地，全身自然下垂，身体保持稳定。两腿微屈至锁定状态。

向上动作阶段：

◎ 保持两臂伸直，以腹部肌群的收缩力举起两腿和抬起臀部，称作“收腹抬臀”，呼气，短暂停留。

◎ 向上尽力收缩腹肌，上举的位置越高越好。

向下动作阶段：

◎ 在腹部肌群的控制下，大小腿缓慢、流畅、有控制地下落。

◎ 下落时，身体不能摆动。

（四）坐姿屈膝上举（图3－79）

主要锻炼肌肉：腹直肌、腹内外斜肌、腹横肌。

预备姿势：

端坐于长凳一端，两手扶撑在长凳的边缘，上体后倾大约45度角，两腿微屈悬垂。保证凳子稳固，无晃动。

向上动作阶段：

◎ 以腹部肌群的收缩力，抬起两腿，同时，上身弯曲向下用力压缩腹肌，呼气。

◎ 将两膝尽量向两肩靠近，形成含胸弯腰姿势，使腹部肌群处于顶峰收缩位，稍停。

图 3－79　坐姿屈膝上举

向下动作阶段：

◎ 以腹部肌群的控制力，使躯干和两腿慢慢伸展还原。

◎ 两腿和躯干展开时尽量缓慢。

（五） 双向卷腹 （图 3－80）

主要锻炼肌肉： 腹直肌、腹内外斜肌、腹横肌。

图 3－80　双向卷腹

预备姿势：

仰卧在垫上，两脚垂直向上伸出，屈膝呈 90 度角，小腿悬空并与地面平行。两手置于体侧。腹肌处于“预拉紧”姿势。

向上动作阶段：

◎ 上体卷起的同时收膝，压缩腹肌并尽量吐气，直到两肘碰到两膝为止，稍停。

◎ 在上体卷腹和收腿的同时，要“卷、压、吐”，使腹腔处于“真空状态”，稍停。

◎ 不要使用猛力和惯性。

向下动作阶段：

◎ 以腹部肌群的控制力缓慢流畅地向下伸展腹肌，并回到起始位置。

◎ 下降过程腹部仍然保持吸腹状态。

（六）坐姿器械卷腹（图 3－81）

目标肌肉：腹直肌、腹内外斜肌、腹横肌。

图 3－81　坐姿器械卷腹

预备姿势：

端坐于卷腹训练器上，两脚固定挡托。将肩部挡托固定于两肩，两手握住固定夹。

向上动作阶段：

◎ 以腹部肌群的收缩力，弯曲向下用力压缩腹肌，呼气。

◎ 将两膝尽量向两肩靠近，形成含胸弯腰姿势，使腹部肌群处于顶峰收缩位，稍停。

向下动作阶段：

◎ 以腹部肌群的控制力，使躯干和两腿慢慢伸展还原。

◎ 两腿和躯干展开时尽量缓慢。

（七） 坐姿器械转体 （图3－82）

主要锻炼肌肉：腹内外斜肌。

图3－82 坐姿器械转体

预备姿势：

端坐于转体训练器上，两大腿固定挡托。将两肩前部贴紧挡托，两手握住把手。

向左动作阶段：

◎ 以腹内外斜肌肌群的收缩力，做转体动作，呼气。

◎ 将上身转至最大收缩幅度，稍停。

向右动作阶段：

◎ 以腹部肌群的控制力，使躯干慢慢回到原位。

◎ 要均匀、缓慢、有控制。

（八） 俯卧挺身 （图3－83）

主要锻炼肌肉：竖脊肌。

预备姿势：

俯卧于垫上，面朝下整个身体贴于垫子上，两臂置于体侧，伸直两腿脚尖向下，腰背收紧。如要增加训练难度和效果，也可放一杠铃片在上背部。

向上动作阶段：

◎ 呼气，集中竖脊肌的力量抬起上身至最高位置，稍停。

◎ 向上阶段不使用爆发力。

图 3－83　俯卧挺身

向下动作阶段：

◎ 以背肌的力量将上体缓慢向下落，至身体放松俯卧于垫上。

◎ 要求下落时要缓慢有控制。

（九）山羊挺身（图 3－84）

主要锻炼肌肉：竖脊肌。

图 3－84　山羊挺身

预备姿势：

俯卧在罗马椅或长凳上，调整器械使大腿上端紧贴凳边的同时上身探出器械之外，两脚固定，上体前屈，两手放于体前或体侧。

向上动作阶段：

◎ 呼气，挺胸抬头腰部收紧，集中竖脊肌的力量将缓慢向上挺起上身，稍停。

◎ 全过程速度不要过快，均匀、缓慢、有控制。

向下动作阶段：

◎ 吸气，以竖脊肌的控制力缓慢将上身向下落至最低点，稍停。

◎ 重点是向下过程中，要充分伸展竖脊肌。

第七节　臀部训练动作

一、臀部解剖结构及功能分析

（一）臀大肌

臀大肌位于臀部皮下，为四方形扁肌，生理横断面较大，它是人体骨骼肌中最大最有力的肌肉之一（图3-85）。在形体健美中，臀大肌是影响臀围和形成臀部外形的主要因素。臀大肌起于髂骨翼外面及骶、尾骨背面，止于臀肌粗隆和髂胫束。近固定时，使大腿在髋关节处伸和旋外。臀大肌上部和下部的功能是不同的，上部肌纤维收缩使大腿外展，下部使大腿内收。远固定时，一侧肌肉收缩使骨盆向对侧回旋，两侧同时收缩使骨盆后倾。

（二）臀中肌和臀小肌

臀中肌和臀小肌位于臀部外上方，大部分被臀大肌所覆盖，臀中肌在浅层，臀小肌在深层，两肌呈扇形，二肌肌束均呈放射状排列，分为前、后两部分，两肌均起于髂骨翼外面，止于股骨大转子（图3-86）。近固定时，使大腿在髋关节处外展，前部使大腿在髋关节处屈和旋内，后部使大腿在髋关节处伸和旋外。远固定时，一侧肌肉收缩使骨盆向同侧倾，前部纤维两侧同时收缩使骨盆前倾，一侧收缩使骨盆向同侧回旋；后部两侧肌纤维同时收缩使骨盆后倾，一侧收缩使骨盆向对侧回旋。

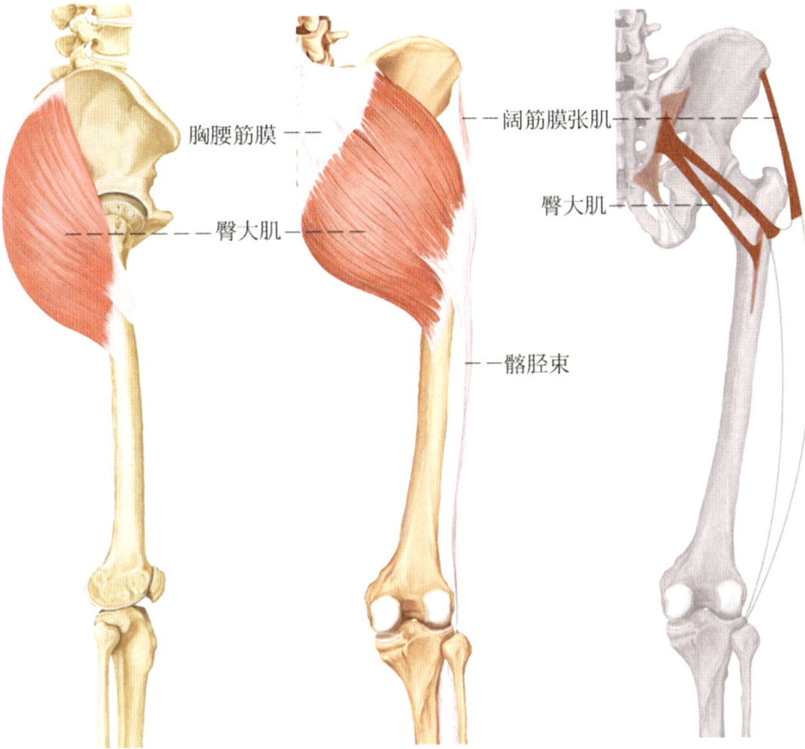

图 3－85　臀大肌解剖结构

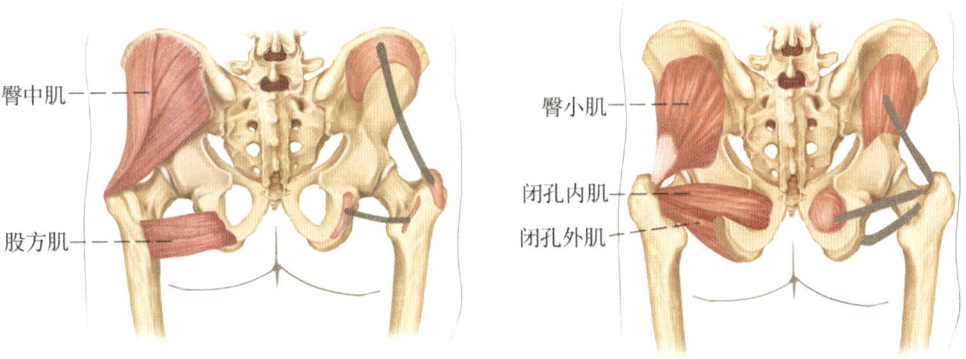

图 3－86　臀中肌和臀小肌解剖结构

二、臀部训练动作

（一）屈腿硬拉（图3－87）

主要锻炼肌肉：臀大肌、腘绳肌。

图3－87　屈腿硬拉

预备姿势：

两脚开立与髋同宽，大腿外旋，两脚尖成“V”字型站立，挺胸直腰。掌心向后，两手握住杠铃横杠，握距略比肩宽，使横杠贴近身体，挺胸收腹，背部挺直，目视前方。

向下动作阶段：

◎ 以髋关节为轴，上体前倾，缓慢、流畅、有控制地向前弯曲至最大伸展位，这时髋部高于两膝，低于肩部，短暂停留，感受臀大肌、腘绳肌的拉伸。

◎ 整个下降过程腰背一定要挺直，不能弓腰。

向上动作阶段：

◎ 用力伸髋，充分利用臀大肌、腘绳肌的收缩力量将杠铃向上提起，将杠铃拉至大腿中部时，继续伸膝、伸髋和展体将杠铃拉起至身体挺直，稍停。

◎ 动作要平稳，不能猛拉、猛起。

（二）高位剪蹲（图3－88）

主要锻炼肌肉：股四头肌、臀大肌、腘绳肌。

图3－88　高位剪蹲

预备姿势：

自然站立，两脚与肩同宽，上体挺直，收腹紧腰，两手持哑铃置于体侧（或把杠铃置于颈后上斜方肌）。背后放一长凳，高度与小腿齐高。左脚向后迈一步，并放于凳面上，前小腿垂直地面。

向下动作阶段：

◎ 屈髋、屈膝下蹲至右大腿接近水平位，稍停。

◎ 在下蹲的过程中，要求缓慢、流畅、有控制，收腹，紧腰，上身不能前倾。

向上动作阶段：

◎ 下蹲至最低位置时，重心后移，两腿同时向上伸直，如此反复练习。

◎ 控制好平衡，身体不能左右摆动。

（三）仰卧挺髋举（图3－89）

主要锻炼肌肉：臀大肌、腘绳肌。

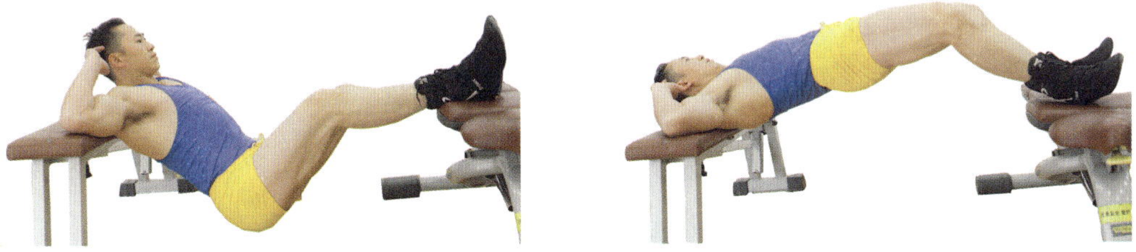

图3－89　仰卧挺髋举

预备姿势：

两脚分开与肩同宽，大腿外旋，两脚成“V”字型，两腿屈曲，仰卧在长凳上，上背部紧贴凳面边缘。有一定基础者，可以负重进行练习。

向上动作阶段：

◎ 动作开始时，以臀大肌和腘绳肌的力量缓慢上举至最大收缩位，收臀，挺髋。

◎ 不能使用猛力、爆发力。

向下动作阶段：

◎ 以臀大肌和腘绳肌的控制力缓慢下降至开始姿势。

◎ 下降阶段臀大肌要充分伸展。

◎ 固定好长凳，练习中不能移动。

（四） 坐姿器械腿外展 （图3－90）

主要锻炼肌肉：臀大肌。

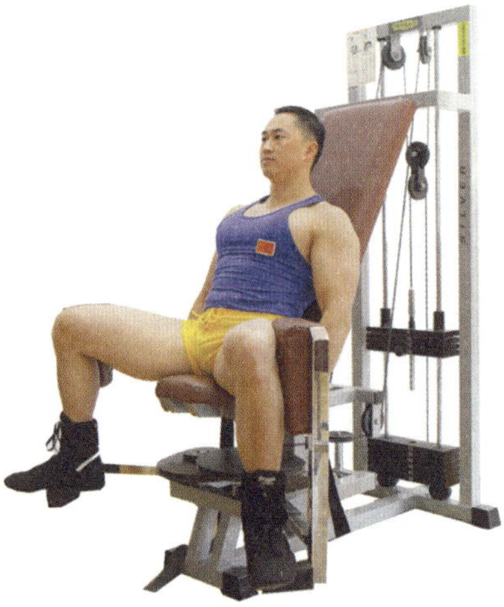

图3－90 坐姿器械腿外展

预备姿势：

坐在外展训练器的座位上，两脚并拢踩在脚踏板上，两膝部外侧紧贴在挡托上。上体挺直靠在背板上，两手握住两侧固定手托。

向后动作阶段：

◎ 身体不动，以外展肌的收缩力缓慢使左右大腿分别向外侧展开至最大收缩位，稍停。

◎ 无猛力、爆发力，无上体的前后摆动。

向前动作阶段：

◎ 以外展肌的控制力缓慢、流畅、有控制地回到开始位置，稍停。

◎ 整个过程动作平稳，不能放松，保持臀大肌的持续用力。

（五）站姿单腿外展（图3－91）

主要锻炼肌肉： 臀中肌、臀小肌、臀大肌。

预备姿势：

以右腿为例，左侧面向器械站立，左手扶器械把杆，把拉力器调整至最低档，并把拉力器固定小腿下端，保持身体稳定。

向外动作阶段：

◎ 动作开始时，左腿不动，右腿向右侧做外展动作至最大幅度，稍停。

◎ 做动作时腿伸直，身体保持平衡，均匀用力，不使用爆发式外展。

向内动作阶段：

◎ 利用外展肌群的控制力缓慢向左回到开始位置。

◎ 要控制返回的速度，肌肉不能放松，始终处于张紧状态。

图3－91　站姿单腿外展

（六）站姿单腿后伸（图3－92）

主要锻炼肌肉：臀大肌、腘绳肌。

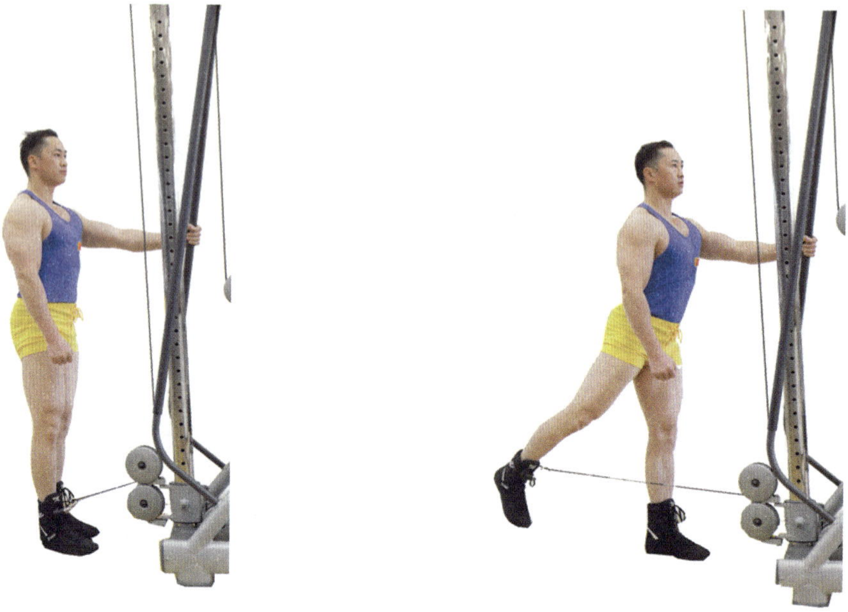

图3－92　站姿单腿后伸

预备姿势：

以右腿为例，面向器械站立，左手扶器械把杆，把拉力器调整至最低档，并把拉力器固定右小腿下端，保持身体稳定。

向外动作阶段：

◎ 动作开始时，左腿不动，右腿向后伸至最大幅度，稍停。

◎ 做动作时大腿稍外旋，身体保持平衡，均匀用力，不使用爆发式后伸。

向内动作阶段：

◎ 利用后伸肌群的控制力缓慢向前回到开始位置。

◎ 要控制返回的速度，肌肉不能放松，始终处于张紧状态。

（七）跪撑单腿后上举（屈腿）（图3－93）

主要锻炼肌肉：臀大肌、腘绳肌。

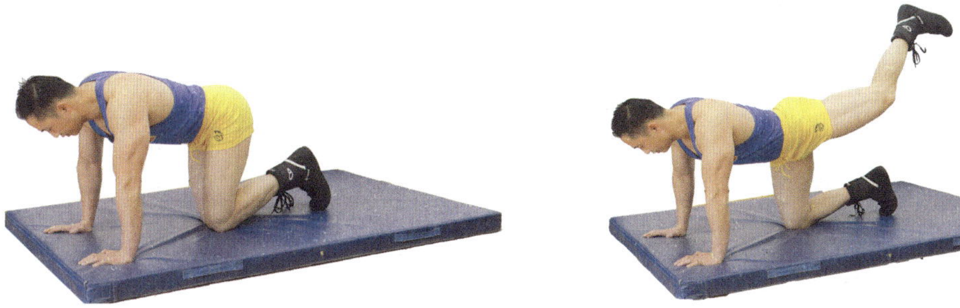

图3－93 跪撑单腿后上举（屈腿）

预备姿势：

两手于肩部下方伸直撑地，屈髋、屈膝支撑于垫上。腰腹收紧，保持背部平直，身体稳定。

向上动作阶段：

◎ 身体不动，以臀大肌、腘绳肌的收缩力将单腿用力上举至最大收缩位，保持片刻。

◎ 不能仰头，单腿后上举过程中保持膝关节微屈。

向下动作阶段：

◎ 身体不动，单腿缓慢、流畅、有控制地下降至开始位置。

◎ 保持身体核心稳定，不能左右晃动。

（八）跪撑单腿侧上举（图3－94）

主要锻炼肌肉：臀大肌。

图3－94 跪撑单腿侧上举

预备姿势：

两手于肩部下方伸直撑地，屈髋、屈膝支撑于垫上。腰腹收紧，保持背部平直，身体稳定。

向上动作阶段：

◎ 身体不动，以臀大肌的收缩力将单腿用力上举至最大收缩位，保持片刻。

◎ 不能仰头，单腿侧上举过程中保持膝关节微屈。

向下动作阶段：

◎ 身体不动，单腿缓慢、流畅、有控制地下降至开始位置。

◎ 保持身体核心稳定，不能左右晃动。

（九）侧卧单腿侧上举（图3－95）

主要锻炼肌肉：臀中肌、臀小肌、臀大肌。

图3－95　侧卧单腿侧上举

预备姿势：

以左侧卧为例，侧卧在垫上，左手撑垫上，两腿并拢，核心肌群收紧，保持身体稳定。

向上动作阶段：

◎ 身体不动，以臀大肌、臀中肌和臀小肌的收缩力将左腿用力上举至最大收缩位，稍停。

◎ 左腿侧上举过程中保持膝关节伸直。

向下动作阶段：

◎ 身体不动，单腿缓慢、流畅、有控制地下降至开始位置。

◎ 保持身体核心稳定，不能左右晃动。

第八节　大腿训练动作

一、大腿解剖结构及功能分析

（一）前外侧肌群

前外侧肌群包括股四头肌、缝匠肌和阔筋膜张肌（图 3－96）。股四头肌位于大腿前面，是人体中体积最大的肌肉之一，由四块相互联系的肌肉组成，包括股直肌、股中肌、股内侧肌和股外侧肌。股直肌起自髂前下棘，股中肌起自股骨体前面，股外侧肌起自股骨粗线外侧唇，股内侧肌起自股骨粗线内侧唇，四个头相合，形成一条强有力的腱，由前面及两侧包绕髌骨，并在髌骨下方形成髌韧带，借此止于胫骨粗隆。股四头肌近固定时，使

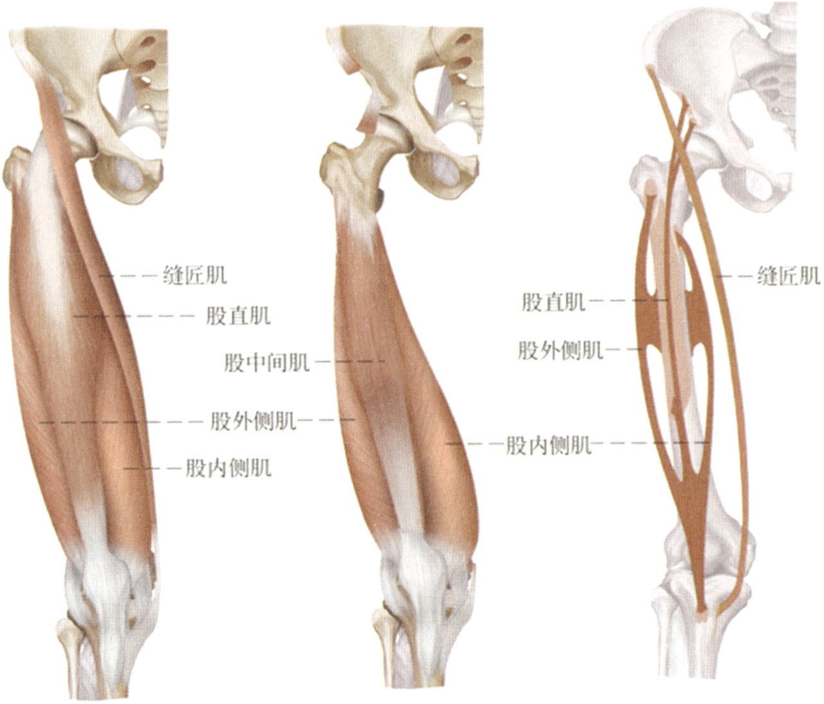

图 3－96　股四头肌和缝匠肌解剖结构

小腿在膝关节处伸，股直肌可使大腿在髋关节处屈。远固定时，可使大腿在膝关节处伸，维持人体直立姿势。缝匠肌起髂前上棘，止于胫骨粗隆内侧面。阔筋膜张肌起自髂前上棘，移行于髂胫束，止于胫骨外侧髁。缝匠肌在近固定时使大腿屈和旋外，使小腿屈和旋内。远固定时，两侧收缩，使骨盆前倾。阔筋膜张肌在近固定时使髂胫束紧张，使大腿屈和旋内。

（三）后侧肌群

后侧肌群又称腘绳肌，由三块肌肉组成，包括半腱肌、半膜肌和股二头肌（图 3－97）。半腱肌和半膜肌均起于坐骨结节，止于胫骨粗隆内侧面。股二头肌有两个头，长头起于坐骨结节，短头起于股骨粗线外侧唇下部。两头合并以长腱止于腓骨头。股二头肌在近固定时，长头使大腿在髋关节处伸，并使小腿在膝关节处屈和旋外。远固定时，两侧收缩使骨盆后倾，一侧收缩使大腿在膝关节处屈。半腱肌和半膜肌在近固定时，使大腿在髋关节处伸，并使小腿在膝关节处屈并旋内。远固定时，两侧同时收缩使骨盆后倾，一侧收缩使大腿在膝关节处屈。

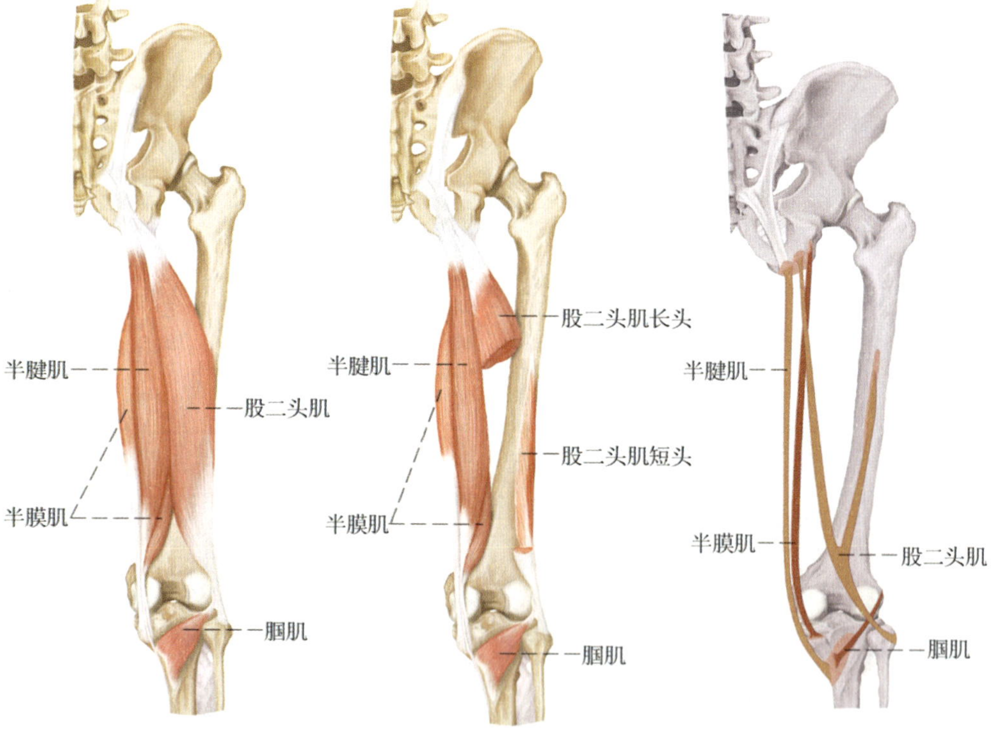

图 3－97　腘绳肌解剖结构

（四） 内侧肌群

内侧肌群包括耻骨肌、长收肌、短收肌、大收肌、股薄肌（图 3－98）。耻骨肌和长收肌起于耻骨上支，短收肌起于耻骨下支。耻骨肌止于股骨粗线内侧唇上部，长收肌止于股骨粗线内侧唇中部，短收肌止于耻骨线和股骨粗线内侧唇的一半。耻骨肌、长收肌和短收肌在近固定时，使大腿在髋关节处屈、内收。远固定时，两侧同时收缩使骨盆前倾。

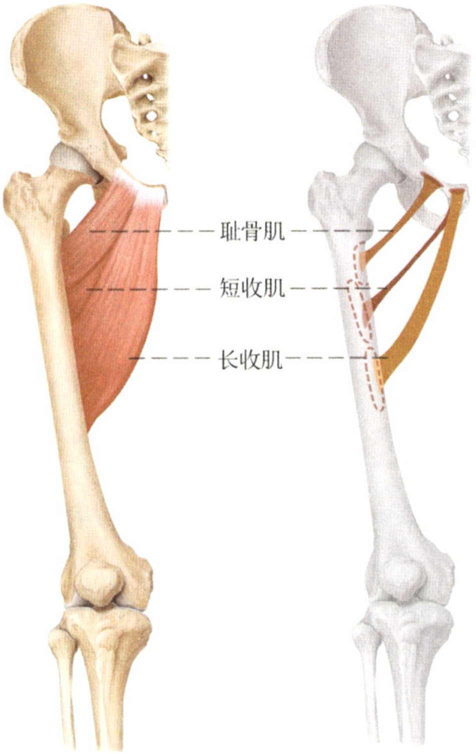

图 3－98　耻骨肌、长收肌和短收肌解剖结构

大收肌是最有力的内收肌，具有独特的排列，其内侧纤维起于坐骨结节、坐骨支和耻骨下支，止于股骨最近端的股骨粗线内侧唇上 2/3 处及股骨收肌结节（图 3－99）。大收肌在近固定时，使大腿在髋关节处内收、伸。远固定时，两侧同时收缩使骨盆后倾。股薄肌起自耻骨下支，肌束下行自膝关节后方转向前方，止于胫骨粗隆内侧。近固定时，使大腿在髋关节处内收，使小腿在膝关节处屈、旋内。远固定时，两侧同时收缩使骨盆前倾。

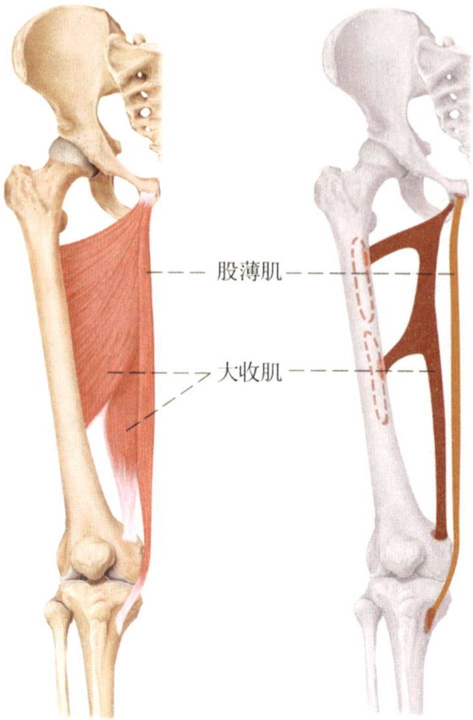

图 3－99　大收肌和股薄肌解剖结构

二、大腿训练动作

（一）颈后深蹲（图 3－100）

主要锻炼肌肉： 股四头肌、臀大肌、腘绳肌。

预备姿势：

两脚自然站立，与肩同宽，脚尖略向外。两手宽于肩握杠，将横杠放在颈后，即隆起的斜方肌上和三角肌上，收紧腰腹，挺胸直腰。

向下动作阶段：

◎ 吸气，头部稍微抬起，两眼始终注视前方，直腰直背，上体尽量保持不动始终做垂直向下，屈髋、屈膝缓慢控制下蹲。

◎ 确保下蹲时膝关节的方向同脚尖的方向一致，蹲至大腿平行地面或稍低位置成全蹲位置为止（大小腿夹角小于 90 度），稍停。

向上动作阶段：

◎ 挺胸收腰直背，以股四头肌的力量向上伸髋伸膝，直至伸直两腿。

◎ 向上阶段要挺胸抬头，直腰直背，使杠铃重心始终在脚尖和脚后跟之间。

图 3－100　颈后深蹲

（二）颈前深蹲（图 3－101）

主要锻炼肌肉：股四头肌、臀大肌、腘绳肌。

图 3－101　颈前深蹲

预备姿势：

两脚自然站立，与肩同宽，脚尖略向外。两手正手握杠，向上抬手肘，将横杠放在颈前上胸和两肩三角肌前束处，抬头挺胸，直腰挺背，目视前方。

向下动作阶段：

◎ 吸气，头部稍微抬起，两眼始终注视前方，直腰直背，上体尽量保持不动始终做垂直向下，屈髋、屈膝缓慢、有控制地下蹲。

◎ 确保下蹲时膝关节的方向同脚尖的方向一致，蹲至大腿平行地面或稍低位置（成全蹲位置）为止，稍停。

向上动作阶段：

◎ 挺胸收腰直背，以股四头肌的力量向上伸髋伸膝，直至伸直两腿。

◎ 向上阶段要挺胸抬头，直腰直背，上体始终保持正直。

（三） 史密斯架颈后深蹲 （图3－102）

主要锻炼肌肉：股四头肌、臀大肌、腘绳肌。

图3－102　史密斯架颈后深蹲

预备姿势：

站在史密斯架中间，两脚自然站立，与肩同宽，脚尖略向外，两手宽于肩握杠铃杆并放于上斜方肌上，两脚稍靠前，收紧腰腹，挺胸直腰。

向下动作阶段：

◎ 吸气，头部稍微抬起，两眼始终注视前方，直腰直背，上体尽量保持不动始终做垂直向下，屈髋、屈膝缓慢有控制地下蹲。

◎ 确保下蹲时膝关节的方向同脚尖的方向一致，蹲至大腿平行地面或稍低位置（成全蹲位置）为止，稍停。

向上动作阶段：

◎ 挺胸收腰直背，以股四头肌的力量向上伸髋伸膝，直至伸直两腿。

◎ 向上阶段要挺胸抬头，腰背收紧，保持身体稳定。

（四）史密斯架颈前深蹲（图3－103）

主要锻炼肌肉：股四头肌、臀大肌、腘绳肌。

图3－103　史密斯架颈前深蹲

预备姿势：

站在史密斯架中间，自然站立，两脚与肩同宽，脚尖略向外。两手正手握杠，向上抬手肘，将横杠放在颈前上胸和两肩三角肌前束处，抬头挺胸，直腰挺背，目视前方。

向下动作阶段：

◎ 吸气，头部稍微抬起，两眼始终注视前方，直腰直背，上体尽量保持不动始终做垂直向下，屈髋、屈膝缓慢、有控制地下蹲。

◎ 确保下蹲时膝关节的方向同脚尖的方向一致，蹲至大腿平行地面或稍低位置（成全蹲位置）为止，稍停。

向上动作阶段：

◎ 挺胸收腰直背，以股四头肌的力量向上伸髋伸膝，直至伸直两腿。

◎ 向上阶段要挺胸抬头，直腰直背，保持身体稳定。

（五）45度角上斜腿举（图3－104）

主要锻炼肌肉：股四头肌、臀大肌、腘绳肌。

预备姿势：

坐在上斜腿举练习器上，上体仰卧并靠紧背垫，两脚与肩同宽，脚尖略向外平踏在脚踏板上。两手于体侧固定手柄，大腿与小腿的夹角在90度左右，放开安全阀。

向上动作阶段：

◎ 动作开始时，以股四头肌的收缩力缓慢向上推起脚踏板至两腿伸直，稍停。

◎ 向上运动时，整个脚掌都要受力，脚蹬也不能离开踏板。

向下动作阶段：

◎ 屈髋、屈膝，以股四头肌的控制力均匀、缓慢下落，至预备姿势，放下安全阀。

◎ 下放至大腿与小腿的夹角在 90 度左右，保证股四头肌始终处于紧张状态。

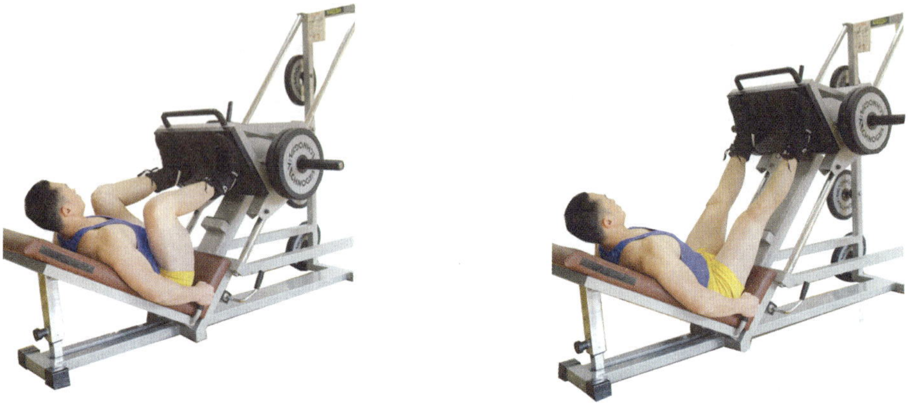

图 3－104　45 度角上斜腿举

（六）哑铃箭步蹲（图 3－105）

主要锻炼肌肉：股四头肌、臀大肌、腘绳肌及内收肌群。

图 3－105　哑铃箭步蹲

预备姿势：

两脚自然开立，与肩同宽，两手各持一个哑铃，两臂自然下垂于体侧。两腿一脚向前，一脚向后，呈前后站立姿势，抬头挺胸收腹，目视前方。

向下动作阶段：

◎ 躯干保持不动，上身垂直于地面，重量均匀分布在两腿上，前后腿同时屈膝下蹲，前小腿垂直地面，后腿尽量伸展膝关节不触地，稍停。

◎ 下蹲速度要缓慢，身体要保持平衡。

向上动作阶段：

◎ 抬头挺胸保持身体重心稳定，两腿同时集中用力缓慢向上伸直两腿。

◎ 上身挺直，身体尽量不要左右晃动。

（七）杠铃箭步蹲（图3－106）

主要锻炼肌肉：股四头肌、臀大肌、腘绳肌及内收肌群。

图3－106　杠铃箭步蹲

预备姿势：

两脚自然开立，与肩同宽，两手持杠铃放于上斜方肌，两腿一脚向前，一脚向后，呈前后站立姿势，抬头挺胸收腹，目视前方。

向下动作阶段：

◎ 躯干保持不动，上身垂直于地面，重量均匀分布在两腿上，前后腿同时屈膝下蹲，前小腿垂直于地面，后腿尽量伸展膝关节不触地，稍停。

◎ 下蹲速度要缓慢，身体要保持平衡。

向上动作阶段：

◎ 抬头挺胸保持身体重心稳定，两腿同时集中用力缓慢向上伸直两腿。

◎ 上身挺直，保持杠铃平衡，防止左右摇摆。

（八） 直腿硬拉 （图3－107）

主要锻炼肌肉：腘绳肌、臀大肌。

图3－107　直腿硬拉

预备姿势：

两脚自然站立，与肩同宽，两手正手握杠铃，握距略宽于肩，大臂贴近身体两侧，身体微微前倾，抬头挺胸，直腰直背。

向下动作阶段：

◎ 动作开始时，保持挺胸抬头，腰背收紧，挺直躯干，身体缓慢前倾，臀部略向后移，伸直两膝不要弯曲，直至躯干与地面平行，稍停。

◎ 两腿始终伸直，膝关节略屈，不能含胸弓腰。

向上动作阶段：

◎ 保持腰背部的挺直，集中腘绳肌的力量带动身体缓慢向上，臀部向前移，至身体直立握杠铃于体前。

◎ 动作平稳上升，不要使用猛力。

（九） 坐姿腿屈伸 （图3－108）

主要锻炼肌肉：股四头肌。

预备姿势：

坐垫调整到合适的位置，坐在腿屈伸机上，腰背靠紧靠板，两手于体侧抓握固定手柄。大腿贴于凳面，小腿屈膝下垂，两脚踝前部靠紧挡托。

向上动作阶段：

◎ 以股四头肌的收缩力向上伸小腿至膝关节平直状态，使股四头肌达到最大收缩，稍停。

◎ 上行动作时背部要紧贴靠板不能离开，臀部不能向上抬起。

向下动作阶段：

◎ 在股四头肌力量的控制下，缓缓放下重物至初始位置。

◎ 下放动作要缓慢，肌肉始终有张力，不能放松。

图 3－108 坐姿腿屈伸

（十） 俯卧腿弯举 （图 3－109）

主要锻炼肌肉：腘绳肌、腓肠肌。

图 3－109 俯卧腿弯举

预备姿势：

俯卧在腿弯举练习器上，两手握住固定把手，调整身体的位置让膝关节刚好超过板面，两脚踝后部贴紧挡托。

向上动作阶段：

◎ 保持身体不动，以腘绳肌的力量屈小腿，使小腿尽量向臀部靠近，直至最大收缩位置，稍停。

◎ 做练习时臀部不能抬起，保证身体稳定。

向下动作阶段：

◎ 以腘绳肌的控制力缓慢向后下落至开始位置。

◎ 整个练习保持肌肉始终有张力，不能有惯性。

（十一） 坐姿腿弯举 （图3－110）

主要锻炼肌肉：腘绳肌、腓肠肌。

图3－110 坐姿腿弯举

预备姿势：

调节腿弯举器的坐垫，坐在腿弯举器上，腰背靠紧靠板，两手于体侧握住固定手柄。两膝上部靠紧挡托下部，两腿伸直，两腿脚踝后部靠紧挡托上部。

向下动作阶段：

◎ 身体不动，以腘绳肌的收缩带动小腿将横杠向后做弯举，用力收缩腘绳肌，稍停。

◎ 小腿向后用力时，背部不要晃动，臀大肌不能向上抬起。

向上动作阶段：

◎ 在腘绳肌的控制下，缓慢伸直小腿至开始位置。

◎ 要控制小腿回落的速度，太快会减弱肌肉的刺激效果。

（十二） 坐姿器械夹腿 （图3－111）

主要锻炼肌肉：大腿内收肌群（大收肌、长收肌、短收肌、股薄肌、耻骨肌）。

预备姿势：

坐在内收训练器的坐垫上，两膝关节内侧靠紧挡托，上体挺直靠在背板上，两手握住两侧固定手托，两大腿充分外展，使内收肌群充分拉伸。

向前动作阶段：

◎ 身体不动，以内收肌的收缩力使左右两膝向内靠拢，稍停。

◎ 无猛力、爆发力。

向后动作阶段：

◎ 以内收肌的控制力缓慢、流畅、有控制地外展至最大幅度，稍停。

◎ 整个过程动作平稳，内收肌始终处于持续张力状态。

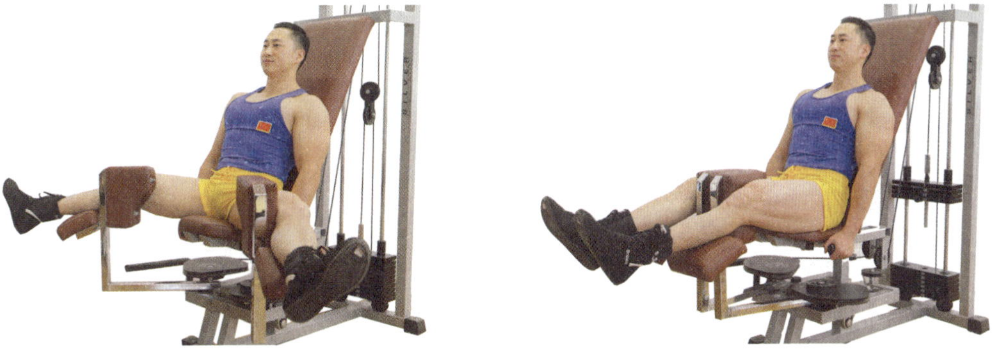

图 3－111　坐姿器械夹腿

（十三）站姿单腿内收（图 3－112）

主要锻炼肌肉：大腿内收肌群（大收肌、长收肌、短收肌、股薄肌、耻骨肌）。

图 3－112　站姿单腿内收

预备姿势：

以左腿为例，两脚自然站立，左侧面对器械，左脚踝固定绳索档把，右手或左手扶在器械固定手柄上，抬头挺胸，直腰直背，目视前方，左腿呈外展状态。

向内动作阶段：

◎ 集中大腿内收肌群的收缩力带动左腿向右侧靠近，直至不能再收缩为止，稍停。

◎ 在向内收缩时，腰背要尽量挺直不要晃动，大腿不要借助于惯性回来摆动。

向外动作阶段：

◎ 集中大腿内收肌群的张力缓慢带动左腿回到起始位置，稍停。

◎ 左腿尽量外展，增大收缩幅度。

第九节　小腿训练动作

一、小腿解剖结构及功能分析

（一） 前侧肌群

前侧肌群包括胫骨前肌、踇长伸肌和趾长伸肌（图 3－113）。胫骨前肌位于胫骨前面外侧浅层，为三角形的长肌。起于胫骨体外侧面，止于内侧楔骨内侧面和第 1 跖骨底。近

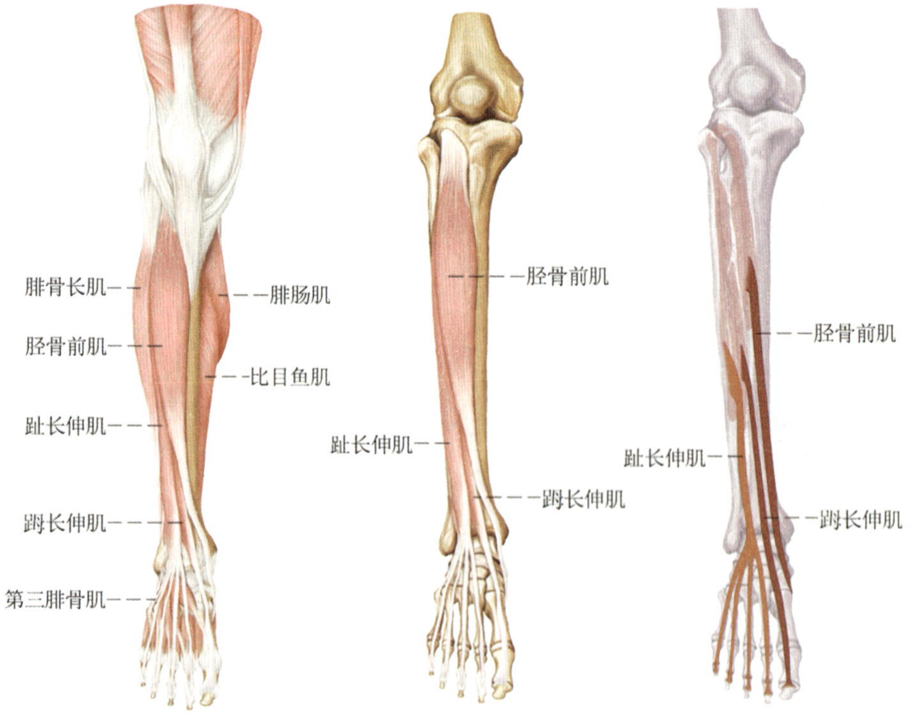

图 3－113　小腿前侧肌群解剖结构

固定收缩时，使足在踝关节处伸、内翻。远固定时，使小腿在踝关节处伸。踇长伸肌位于胫骨前肌和趾长伸肌之间，起于腓骨内侧面的中部和小腿骨间膜，止于踇趾远节趾骨底。近固定时，使趾伸，并使足伸和内翻。远固定时，使小腿在踝关节处伸。趾长伸肌位于胫骨前肌外侧。起于腓骨前面、胫骨内侧面上2/3和小腿骨间膜，止于第2～5足趾的中节和远节趾骨底。近固定时，使足伸和外翻，并伸第2～5趾。远固定时，使小腿在踝关节处伸。

（二）后侧肌群

后侧肌群包括腓肠肌、比目鱼肌、胫骨后肌、踇长屈肌和趾长屈肌（图3－114）。腓肠肌内、外侧头分别起于股骨内、外侧髁后面，比目鱼肌起于胫、腓骨后面上方，两肌肌腹在小腿中部合并向下形成跟腱，止于跟骨结节。近固定时，使小腿在膝关节处屈，使足在踝关节处屈。远固定时，使小腿在踝关节处屈，腓肠肌可拉大腿下端向后，协助伸膝维持人体直立。

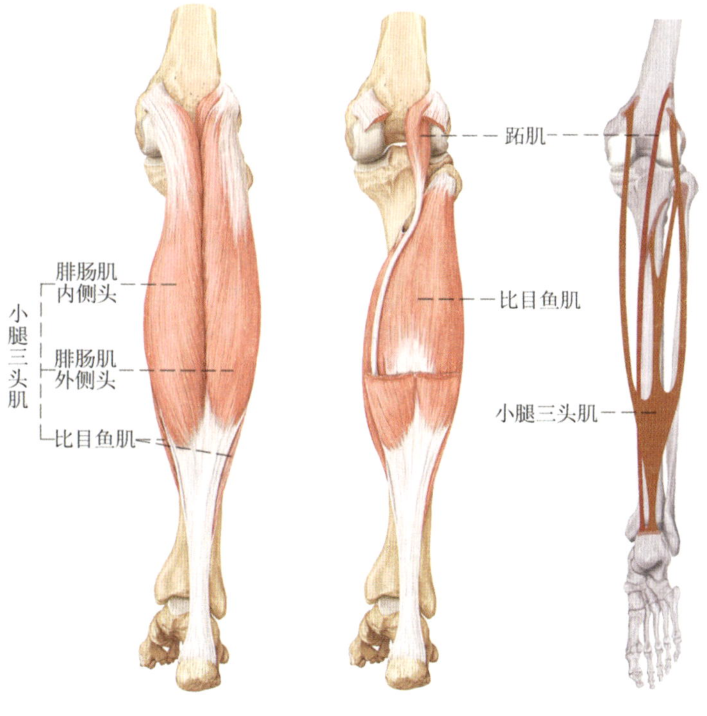

图3－114 腓肠肌和比目鱼肌解剖结构

趾长屈肌位于胫骨后肌内侧，为羽状肌。起于胫骨后面中部，肌腱经内踝后方转至足底，止于第2～5趾的远节趾骨底。近固定时，使足在踝关节处屈、屈第2～5趾，并协助足内翻。远固定时，使小腿在踝关节处屈，维持足尖站立姿势。踇长屈肌位于胫骨后肌外侧，为羽状肌。起自腓骨体后面下方，长腱经内踝后方转至足底，止于踇趾远节趾骨底。近固定时，使足在踝关节处屈、屈趾，并协助足内翻。远固定时，使小腿在踝关节处屈，维持足尖站立姿势。胫骨后肌位于小腿三头肌深层，为羽状肌。起于胫、腓骨后面和小腿骨间膜，经内踝后方转至足底，止于足舟骨和内侧、中间及外侧楔骨。近固定时，使足内翻，并协助足在踝关节处屈。远固定时，使小腿在踝关节处屈，保持足尖站立，是维持足弓的重要肌肉之一（图 3－115）。

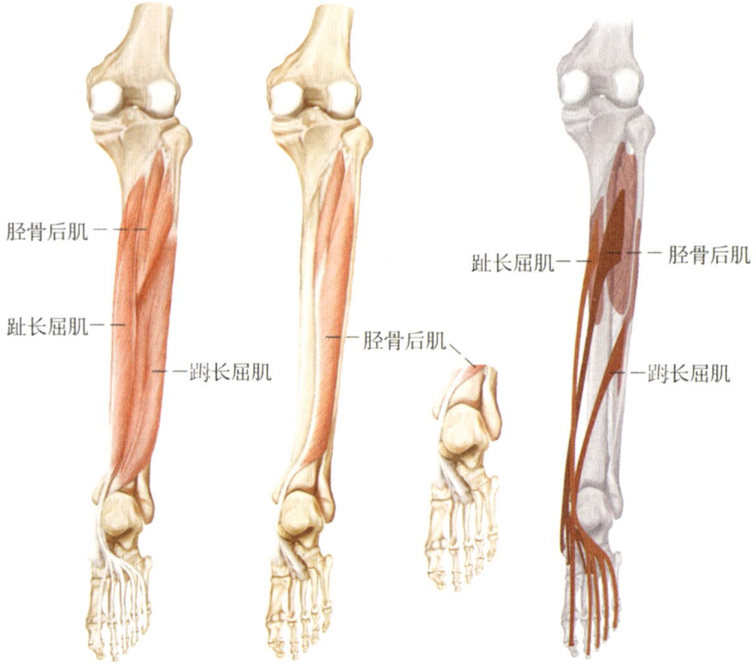

图 3－115　小腿后侧深层肌群解剖结构

（三）外侧肌群

外侧肌群包括腓骨长肌和腓骨短肌（图 3－116）。腓骨长肌位于小腿外侧浅层，为单羽肌。起于腓骨体的外侧面上部，肌腱经外踝后方转至足底，止于内侧楔骨和第 1 跖骨。近固定时，使足外翻，并协助足在踝关节处屈。远固定时，使小腿在踝关节处屈，锻炼维持足尖站立和维持足弓。腓骨短肌位于腓骨长肌深层，为羽状肌。起于腓骨体下部，肌腱经外踝转至足底，止于第 5 跖骨底。近固定时，使足外翻，并协助足在踝关节处屈。远固定时，使小腿在踝关节处屈，锻炼维持足尖站立和维持足弓。

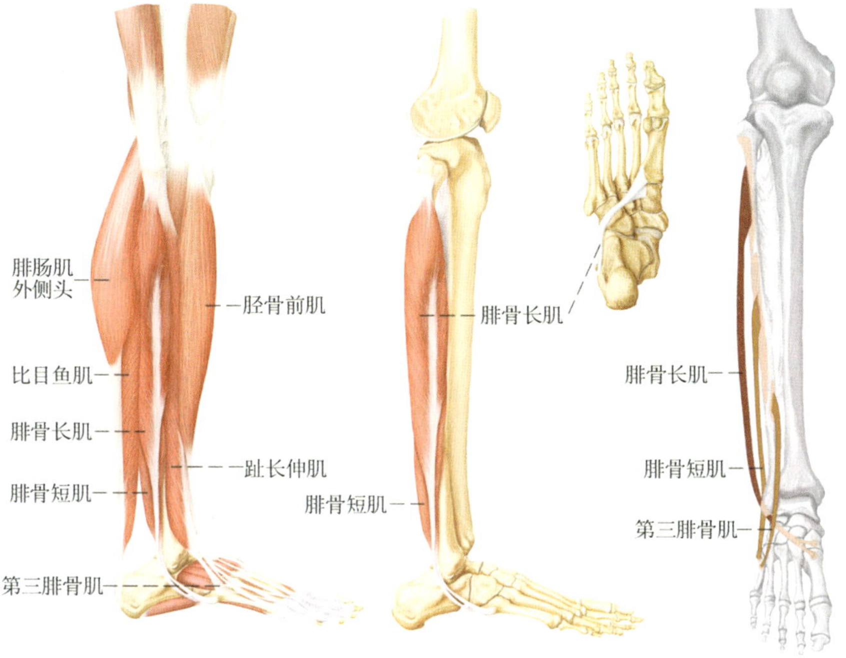

图3－116 小腿外侧肌群解剖结构

二、小腿训练动作

（一）站姿提踵（图3－117）

主要锻炼肌肉：腓肠肌、比目鱼肌。

预备姿势：

自然站立于地面或站立于有一定高度的踏板上，前脚掌着踏板，后脚跟悬空，肩上负重或两手持哑铃。

向上动作阶段：

◎ 保持身体平衡稳定，膝关节伸直，尽可能高地向上提起脚后跟，用力收缩腓肠肌和比目鱼肌，稍停。

◎ 动作要均匀、缓慢，动作幅度大。

向下动作阶段：

◎ 脚后跟缓慢往下落至最低限度，充分伸展小腿肌群。

◎ 练习时下降速度要缓慢，有控制。

图 3－117 站姿提踵

（二） 坐姿提踵 （图 3－118）

主要锻炼肌肉： 比目鱼肌。

图 3－118 坐姿提踵

预备姿势：

身体正直坐在长凳上，两脚掌踏在地上或稳定的垫木上，抬头挺胸，收腹直腰，两腿并拢，在大腿上放置负重物或杠铃，两手扶重物使其不要滑动，保证安全。

向上动作阶段：

◎ 保持身体不动，以小腿三头肌的收缩力尽可能高地向上提起脚后跟，达到小腿三头肌的顶峰收缩后，稍停。

◎ 不要使用冲击式动作，收缩时达到最大幅度。

向下动作阶段：

◎ 在小腿三头肌的控制下缓慢下落，使小腿肌群得到充分伸展。

◎ 下落速度要缓慢，伸展幅度要大。

（三）器械架提踵（图3－119）

主要锻炼肌肉：腓肠肌、比目鱼肌。

图3－119　器械架提踵

预备姿势：

站立于提踵机上，两手掌心相对握住把手，将阻力杆放于两肩上，身体自然站立，膝关节要伸直，直腰直背。

向上动作阶段：

◎ 保持身体稳定，膝关节伸直，尽力向上提起脚后跟，至小腿三头肌的顶峰收缩后，稍停。

◎ 动作要均匀、缓慢，收缩幅度大。

向下动作阶段：

◎ 脚后跟缓慢往下落至最低限度，充分伸展小腿肌群。

◎ 练习时不能突然下落，有控制，速度要慢，膝关节不能弯曲。

（四）坐姿器械屈踝（图3－120）

主要锻炼肌肉：腓肠肌、比目鱼肌。

预备姿势：

◎ 调整好合适的座椅位置，坐于小腿屈伸器的固定靠椅上，两脚前脚掌蹬于踏板上，两腿伸直。

◎ 两手扶器械两侧的固定手柄，收腹紧腰，保持身体的稳定。

向前动作阶段：

◎ 动作开始时，利用小腿腓肠肌和比目鱼肌的力量有控制地做屈踝动作，使小腿肌群处于最大收缩位，暂停。

◎ 动作缓慢，整个过程动作要控制。

向后动作阶段：

◎ 缓慢收缩伸踝肌群，尽力拉长腓肠肌和比目鱼肌。

◎ 由于此动作是在近固定的情况下完成的，腓肠肌和比目鱼肌可以获得不同方式的刺激效果。

图3－120　坐姿器械屈踝

（五）坐姿绳索伸踝（图3－121）

主要锻炼肌肉：胫骨前肌、跗长伸肌和趾长伸肌。

图3－121　坐姿绳索伸踝

预备姿势：

坐于垫上，身体前面固定一条弹力带，两脚或单脚背固定弹力带一端。

向后动作阶段：

◎ 动作开始时，利用腿前侧肌群的力量有控制地做伸踝动作，使小腿前侧肌群处于最大收缩位，暂停。

◎ 动作缓慢，整个过程动作不能太快，主动收缩小腿前侧肌群。

向前动作阶段：

◎ 缓慢有控制地伸直脚背，尽力拉长小腿前侧肌群。

◎ 弹力带要固定好脚面，防止滑脱。

思考题

1. 胸大肌、背阔肌、三角肌、肱二头肌、肱三头肌、臀大肌、股四头肌、腘绳肌、比目鱼肌和腓肠肌有哪些解剖学功能？根据肌肉的功能列举出相应的训练动作？

2. 描述平卧杠铃卧推、俯立杠铃划船、坐姿杠铃推举、颈后深蹲、屈腿硬拉、仰卧卷腹动作的技术要领。

第四章　全身各部位肌肉拉伸动作

本章提要

- 了解拉伸训练的定义
- 了解拉伸训练的作用
- 掌握主动拉伸和被动拉伸的基本方法
- 掌握各部位肌肉拉伸动作要领并能实际操作

第一节 拉伸训练的概念

一、拉伸训练的定义

拉伸是指为了增加关节的柔韧性和灵活度，运用外力使肌肉短缩或使其组织延长。而柔韧性一般称作关节的活动范围，能够提高我们身体基本运动能力，可以让我们以最佳的状态去更有效地完成日常生活中的各种身体动作和体力活动，是所有动作训练的基础，也是构成健康体能的主要素质之一。柔韧性训练是训练计划的重要组成部分，是一种独立的训练，而不是仅仅用于热身或放松。

二、拉伸训练的分类

拉伸训练方法种类很多，一般分为静态拉伸、动态拉伸、PNF 拉伸（本体感觉神经肌肉促进法）。在具体操作方式上，还可以分为主动拉伸和被动拉伸。在遵循简单、实用的基础上，结合健身健美训练的特点，在动作介绍部分仅讲解主动拉伸和被动拉伸。

（一） 静态拉伸

静态拉伸是指用缓慢的动作进行牵拉，拉伸到感觉不适之临界点并保持 10 ~ 30 秒，在肌肉放松的同时进行了牵拉。这种拉伸由于动作缓慢，牵拉反射不易发生。尤其是在超过 10 秒之后，相反的拉伸反射会促使肌肉放松从而避免可能发生的撕裂并允许肌肉进一步拉长，这种技巧可以使受损伤的危险最小化并且十分有效。

（二） 动态拉伸

动态拉伸是通过快速摆动肢体，将身体的各部分活动范围拉伸至尽可能大的幅度。动态拉伸常用于准备活动，练习者把需要活动开的关节逐渐从小幅度的慢速运动，过渡到大幅度的快速活动。

（三） PNF 拉伸 （本体感觉神经肌肉促进法）

本体感觉神经肌肉促进法（PNF）最初是一种放松紧张肌肉的方法，比其他练习更能有效提高柔韧性，现在已经成为运动员和普通人提高柔韧性的练习方法。这种练习结合了被动式静态拉伸和等长拉伸，通常这种练习需要教练协助。PNF 的两种类型：

1. 保持－放松技术

以拉伸腘绳肌为例，练习者把腘绳肌拉伸至关节最大活动范围末端，这时做等长收缩

（收缩但没有动作产生，保持收缩）6 秒，然后练习者伸髋对抗搭档或教练的阻力，之后练习者放松，接着由搭档或教练进行约 20～30 秒更大幅度的被动伸展，一般重复 3～5 次。

2. 收缩－放松技术

以拉伸腘绳肌为例，练习者主动收缩屈髋肌群把腘绳肌伸展至最大幅度，这时练习者主动屈髋对抗搭档或教练的阻力并做等长收缩（这个拉伸要保持最少 6 秒），紧接着做一个短暂的放松，再由搭档或教练进行约 20～30 秒更大幅度的被动拉伸。做 3～4 组，每组重复 3～5 次，每组之间休息 15～30 秒。

（四） 主动拉伸

主动拉伸是指利用自身力量或体重把肌肉拉开至一定幅度，是练习者主动用力进行的牵拉练习。这种拉伸方法相比较来说是最安全的，因为身体的动作及动作用力大小由自身控制。主动拉伸时，动作均匀、缓慢、有控制，不易激发肌肉的牵张反射，所以，它是一种简单、易行、非常有效的拉伸方法。

操作方法是：主动牵拉时利用自身力量或体重将肌肉拉长，当肌肉拉伸到一定幅度时，维持 15～30 秒，每组重复 3～4 次，每次做 3～5 组。拉伸的关键在于动作开始到完成整个过程都要均匀缓慢，配合呼吸，并且在疼痛耐受度之下进行。

（五） 被动拉伸

被动拉伸是指在其他人的帮助下利用外力进行的牵拉练习，被拉伸者不参与用力。常见的是健身教练或体能教练为运动员进行拉伸。具体操作是：在做被动拉伸时，通常由健身教练或体能教练把运动员的肢体牵拉至最大幅度，并保持 15～30 秒，每组重复 3～4 次，每次做 3～5 组。整个动作过程要均匀、缓慢、有控制，不能用猛力，两个人的配合很重要。

为了能够充分拉伸，肌肉在拉伸之前首先需要进行准备活动，在一些特定的运动中所有参与的主要肌肉（还有拮抗肌）都应该在训练前后进行拉伸。拉伸到达活动的极限即可，而不是疼痛点，如有任何的不适或者疼痛就应停止。

三、拉伸训练的作用

关节活动幅度受到骨性结构和结缔组织结构的限制，这些组织包括关节囊、韧带、肌腱和肌肉等，所以，大多数的拉伸练习主要是针对这些组织的牵拉。有效科学的拉伸训练可以预防运动损伤和肌肉酸痛，提升身体意识，促进血液流通和精神放松，舒缓紧绷神经，帮助缓解颈、肩、腰、腿关节疼痛。它是提高神经肌肉效率并减少体位不平衡的关键手段，可以降低肌肉不平衡，关节功能不良和过劳损伤的概率，从而使你的运动表现最佳化。主要作用总结如下：

◎ 改善或恢复关节的活动范围。

◎ 保证完成正确技术动作的前提。
◎ 调整体形体态，塑造优美身材。
◎ 减少受伤的风险。
◎ 降低运动后肌肉的紧张度和减轻训练后肌肉酸痛，有利于恢复。

第二节　全身各部位肌肉拉伸动作

一、三角肌拉伸动作

（一）三角肌主动拉伸动作

1. 三角肌前束（肩部前侧）（图 4－1）

准备姿势：

两腿屈膝屈髋坐于垫上，两手放于身后，掌心向下，拇指向外，背挺直，两手伸直支撑上体。

动作过程：

两手向后移动并尽可能地向后伸。拉伸时避免肘关节过伸。

图 4－1　三角肌前束主动拉伸

2. 三角肌中束（肩部外侧）（图 4－2）

准备姿势：

将一块毛巾卷放于腋下，左手放在背后，肘关节屈，左手握住右手腕关节。

动作过程：

将前臂尽可能地向左侧拉伸，保持身体稳定，上身不能侧弯。

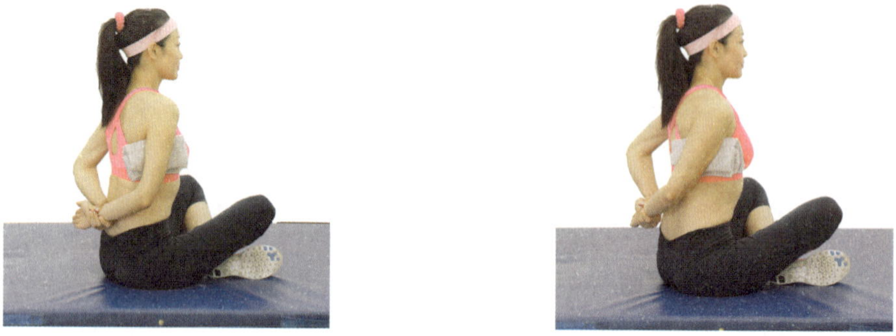

图4－2　三角肌中束主动拉伸

3. 三角肌后束（肩部后侧）（图4－3）

准备姿势：

左手伸直向前，拇指向下，右手从下握住左肘。

动作过程：

将左上臂拉向右肩，上身不能转动，两肩保持水平。

图4－3　三角肌后束主动拉伸

（二）三角肌被动拉伸动作

1. 三角肌前束（肩部前侧）（图4－4）

准备姿势：

练习者两腿屈膝屈髋坐于垫上，两手放于身后，掌心向下。教练员站在练习者的身后，两手握住大臂下端（近肘关节处）。

动作过程：

动作开始时，将练习者的两手向后、向上拉伸。动作均匀、缓慢、有控制。

图 4－4　三角肌前束被动拉伸

2. 三角肌中束（肩部外侧）（图 4－5）

准备姿势：

练习者端坐于垫上，左手置于胸前。教练员采用跪姿位于练习者左侧，左手扶住左肩部以固定身体，右手握住练习者的右手腕。

动作过程：

动作开始时，教练员左手用力向左侧拉伸，动作均匀、缓慢、有控制。

图 4－5　三角肌中束被动拉伸

3. 三角肌后束（肩部后侧）（图 4－6）

准备姿势：

练习者端坐于垫上，左手伸直置于胸前，大臂成内旋状。教练员采用单腿跪姿位于练习者右后侧，左手固定肩胛骨，右手握住肘关节体。

动作过程：

动作开始时，教练员右手用力向右侧拉伸，并保持大臂水平，动作均匀、缓慢、有控制。

图 4－6　三角肌后束被动拉伸

二、肱二头肌拉伸动作

（一）肱二头肌主动拉伸动作（图 4－7）

准备姿势：

以右手为例，右手水平外展 90 度，掌心向后握住器械或放于低于肩的支撑物上，使其大拇指向下方向。以右肩关节为轴，身体向左转 90 度，右手部位始终保持不变。

动作过程：

屈膝降低身体高度，使右侧上肢逐渐增加后伸幅度，感觉肱二头肌强烈拉伸感。

图 4－7　肱二头肌主动拉伸

（二）肱二头肌被动拉伸动作（图4-8）

准备姿势：

练习者端坐于垫上，两手后伸，大拇指向下。教练员采用单腿跪姿位于练习者身后，两手分别握住两侧手腕。

动作过程：

动作开始时，教练员两手用力向后、向上拉伸肱二头肌，直到练习者有强烈拉伸感，动作均匀、缓慢、有控制。

图4-8　肱二头肌被动拉伸

三、肱三头肌拉伸动作

（一）肱三头肌主动拉伸动作（图4-9）

准备姿势：

两腿分开坐于垫上，保持上体挺直，右侧上臂向上抬起，肘关节屈，左手扶住右侧肘关节。

动作过程：

拉伸时保持上身不动，左手将右侧肘关节缓慢向后拉伸，保持屈肘。

图4－9 肱三头肌主动拉伸

（二）肱三头肌被动拉伸动作（图4－10）

准备姿势：

练习者端坐于垫上，身体保持稳定，右侧大臂前屈向上至矢状面内，屈小臂。教练员采用单腿跪姿位于练习者右后侧，左手握住练习者小臂手腕，右手握住大臂下端靠近肘关节。

动作过程：

动作开始时，教练员右手用力向后、向上推，左手握住手腕沿脊柱下拉，直到练习者有强烈拉伸感，用力过程均匀、缓慢、有控制。

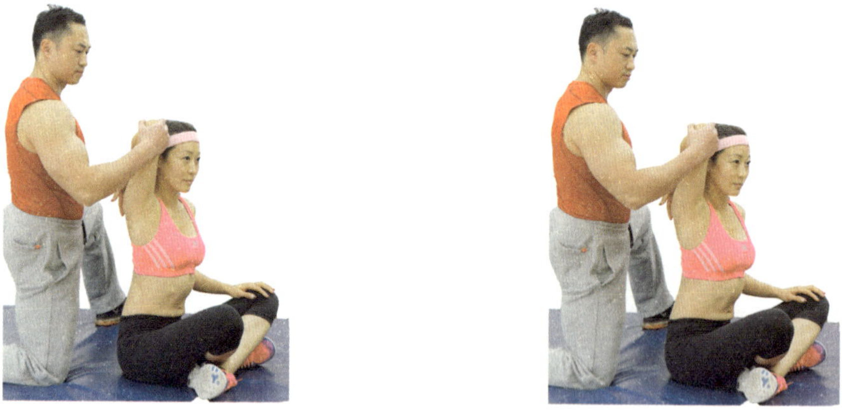

图4－10 肱三头肌被动拉伸

四、前臂肌群拉伸动作

（一）前臂主动拉伸动作（图4－11）

1. 前臂屈肌（前臂前侧）

准备姿势：

端坐于垫上，右臂向前伸直，掌心向上，左手握住手指。

动作过程：

左手用力缓慢向后拉伸前臂屈肌，直到屈肌有强烈拉伸感。

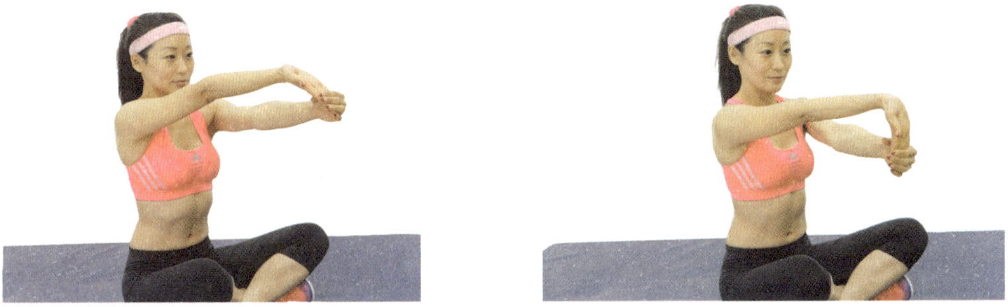

图4－11　前臂屈肌主动拉伸

2. 前臂伸肌（前臂后侧）（图4－12）

准备姿势：

端坐于垫上，右臂向前伸直，掌心向下，左手握住手指。

动作过程：

左手用力缓慢向后拉伸前臂伸肌，直到伸肌有强烈拉伸感。

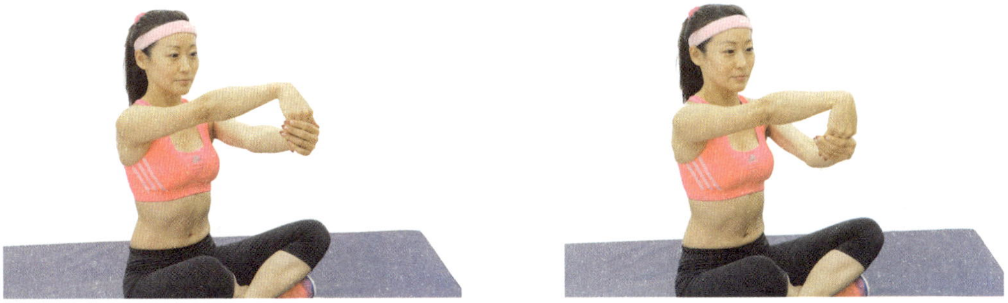

图4－12　前臂伸肌主动拉伸

（二）前臂被动拉伸动作

1. 前臂屈肌（前臂前侧）（图 4－13）

准备姿势：

练习者端坐于垫上，左手向前伸直，掌心向上。教练员采用单腿跪姿位于运动员左侧，右手掌心向上握住练习者的腕关节，左手握住练习者的手指。

动作过程：

动作开始时，将练习者左手掌向下、向后做缓慢拉伸前臂屈肌，直至出现强烈拉伸感。

图 4－13　前臂屈肌被动拉伸

2. 前臂伸肌（前臂后侧）（图 4－14）

准备姿势：

练习者端坐于垫上，左手向前伸直，掌心向下。教练员采用单腿跪姿位于运动员左侧，右手掌心向上握住练习者的腕关节，左手握住练习者的手指。

图 4－14　前臂伸肌被动拉伸

动作过程：

动作开始时，将练习者左手掌向下、向后做缓慢拉伸前臂伸肌，直至出现强烈拉伸感。

五、胸大肌拉伸动作

（一）胸大肌主动拉伸动作（图4－15）

准备姿势：

两腿前后分开成站立姿势，大臂外展90度，屈小臂并使大臂外旋，前臂紧贴并固定于支撑面。

动作过程：

拉伸时左侧上肢位置保持不变，以左侧肩关节为轴，向右侧旋转身体拉伸胸大肌。

图4－15　胸大肌主动拉伸

（二）胸大肌被动拉伸动作（图4－16）

准备姿势：

练习者端坐于垫上，两臂弯曲置于头后。教练员站在练习者身后，大腿外侧固定练习者上身，使上身保持稳定，两手握住练习者上臂下端靠近肘关节处。

动作过程：

动作开始时，将练习者两手向后、向上缓慢拉伸，直至胸大肌出现强烈拉伸感。

图4－16　胸大肌被动拉伸

六、背阔肌拉伸动作

（一）背阔肌主动拉伸动作（图4－17）

准备姿势：

两腿分开端坐于垫上，左臂向上伸直置于头部左侧，右手握住左手肘部。

动作过程：

动作开始时，右手用力将左上臂向右侧拉伸，同时身体向右侧弯及向右转体，拉伸背阔肌。

图 4－17　背阔肌主动拉伸

（二）背阔肌被动拉伸动作（图 4－18）

准备姿势：

两腿分开端坐于垫上，左上臂向上伸直置于头部左侧。教练员采用单腿跪姿方式位于练习者右后方，左手固定其骨盆，右手握住其肘部。

动作过程：

动作开始时，教练员用力将左上臂向右侧拉伸，同时练习者身体向右侧弯及向右转体。

图 4－18　背阔肌被动拉伸

七、斜方肌拉伸动作

（一） 斜方肌主动拉伸动作 （图4－19）

准备姿势：

端坐于凳上，右手握住凳子后边缘，左手掌面紧贴头部右侧面。

动作过程：

动作开始时，左手用力将头部拉伸至左前方，稍停。此外，还可以从不同角度拉伸斜方肌。

图4－19 斜方肌主动拉伸

（二） 斜方肌被动拉伸动作 （图4－20）

准备姿势：

端坐于凳上，右手握住凳子后边缘，教练员站于练习者右后侧，左手按住肩胛骨，右手掌紧贴练习者头部右侧面。

动作过程：

动作开始时，教练员利用右手的力量推动练习者的头部向左前方进行拉伸。用力均匀、缓慢、有控制。

图 4－20　斜方肌被动拉伸

八、腹直肌拉伸动作

（一）腹直肌主动拉伸动作（图 4－21）

准备姿势：

俯卧在垫上，肘关节屈曲，掌心向下，支撑于地面。

动作过程：

动作开始时，用手臂的力量将上身推起至最大幅度，形成反背弓状，拉伸腹直肌，骨盆不能离开垫面。

图 4－21　腹直肌主动拉伸

（二）腹直肌被动拉伸动作（图4－22）

准备姿势：

练习者躺在健身球上或者长凳上，两手伸向头后方。教练员位于练习者左侧面，左手掌扶其右髂骨处或大腿处，右手扶其左大臂。

动作过程：

动作开始时，左手固定骨盆，利用右手的力量将练习者上身向后压向地面。用力时要均匀、缓慢、有控制。左右侧交换练习。

图4－22　腹直肌被动拉伸

九、臀大肌拉伸动作

（一）臀大肌主动拉伸动作（图4－23）

准备姿势：

盘腿坐于垫上，左腿向左侧伸直，脚掌背向下，膝关节弯曲成直角，腰背挺直，上体转向右侧。

动作过程：

动作开始时，上体向前靠近右腿，使上身尽量靠近大腿。

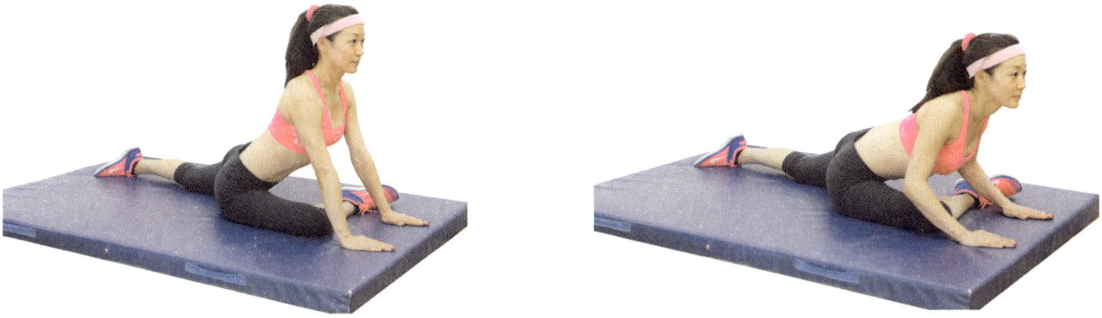

图 4－23　臀大肌主动拉伸

（二）臀大肌被动拉伸动作（图 4－24）

准备姿势：

仰卧于垫上，右腿屈膝屈髋，左小腿放于右大腿上。教练员位于练习者右前方，左手扶于练习者右小腿上端靠近膝关节处，右手握住踝关节。

动作过程：

动作开始时，教练员两手前推使练习者右腿逐渐靠近胸部，动作均匀、缓慢、有控制。要求练习者下背部不能离开垫面。

图 4－24　臀大肌被动拉伸

十、股四头肌拉伸动作

（一）股四头肌主动拉伸动作（图4－25）

准备姿势：

前后弓步，上体挺直，左腿在前，膝关节屈至90度，弯曲右侧小腿，右手握住右脚踝，左手扶在膝关节上，身体保持平衡。

动作过程：

右手将小腿缓慢拉伸靠近大腿，腰背挺直。左右交替进行。

图4－25 股四头肌主动拉伸

（二）股四头肌被动拉伸动作（图4－26）

准备姿势：

练习者侧卧在垫子上，左腿伸直，屈右小腿。教练员采用单腿跪姿位于练习者后侧，右手握住大腿下端靠近膝关节处，左手握住踝关节并轻微抬起。

动作过程：

右手用力使大腿后伸，左手用力推动小腿向大腿后侧靠近，使练习者有充分的拉伸感。

图 4 -26　股四头肌被动拉伸

十一、腘绳肌拉伸动作

（一）腘绳肌主动拉伸动作（图 4 -27）

准备姿势：

端坐于垫上，左腿伸直，右腿弯曲贴于左大腿内侧，两手伸直向前。

动作过程：

动作开始时，上体向前靠近大腿，逐渐过渡到两手握住脚尖将上身拉向前靠近大腿，整个过程腰背挺直，动作要均匀、缓慢。

图 4 -27　腘绳肌主动拉伸

（二）腘绳肌被动拉伸动作（图4－28）

准备姿势：

练习者仰卧于垫上，左腿伸直向上抬起至最大幅度。教练员采用单腿跪姿位于练习者左侧，两手握住踝关节。

动作过程：

动作开始时，利用两手的力量推动练习者左腿向躯干方向靠近，练习者膝关节不能弯曲，右腿紧贴垫上，教练员动作要均匀、缓慢。

图4－28　腘绳肌被动拉伸

十二、内收肌群拉伸动作

（一）内收肌群主动拉伸动作（图4－29）

准备姿势：

端坐于垫上，屈小腿，脚掌相对，上身挺直，两手放于两膝上。

动作过程：

动作开始时，两手用力向两侧按压两膝，拉伸大腿内侧肌群，直至内侧肌群有强烈拉伸感。

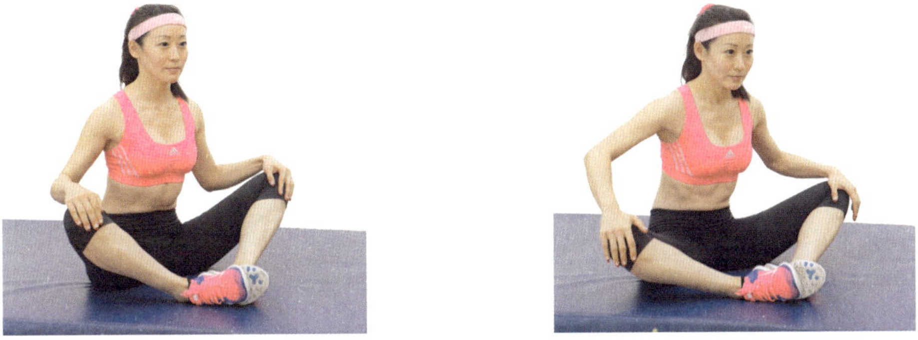

图 4－29　内收肌群主动拉伸

（二）内收肌群被动拉伸动作（图 4－30）

准备姿势：

练习者坐于垫上，屈髋、屈膝，脚掌相对。教练员采用单腿跪姿方式位于练习者左前侧，两手分别扶于膝关节处。

动作过程：

动作开始时，教练员利用两手的力量将练习者的两腿推向两侧，拉伸内侧肌群。用力均匀、缓慢、有控制。

图 4－30　内收肌群被动拉伸

十三、腓肠肌和比目鱼肌拉伸动作

（一）腓肠肌和比目鱼肌主动拉伸动作（图4－31）

准备姿势：

前后弓步站立，上身挺直，两手叉腰，左腿伸直向后，全脚掌着地，脚尖向前。

动作过程：

身体重心前移，使左小腿与地面夹角减少缓慢拉伸左小腿后侧肌群。

图4－31　腓肠肌和比目鱼肌主动拉伸

（二）腓肠肌和比目鱼肌被动拉伸动作（图4－32）

准备姿势：

练习者仰卧于垫上，教练员采用单腿跪姿位于练习者左侧，教练员左手握住练习者的踝关节处，掌心向上，右手握住脚掌。

动作过程：

动作开始时，教练员左手固定练习者左腿，利用右手的力量均匀、缓慢、有控制地拉脚掌至躯干方向。

图 4-32 腓肠肌和比目鱼肌被动拉伸

思考题

1. 拉伸训练对健身健美有哪些重要作用？
2. PNF 拉伸（本体感觉神经肌肉促进法）的生理学机制是什么？
3. 腓肠肌和比目鱼肌拉伸动作有哪些区别？

第五章　健身健美训练方法

本章提要

- 了解各种健身健美训练方法的定义以及适用范围
- 了解不同健身健美训练方法的生理学基础
- 能够把训练方法运用于健身健美训练实践中

健身健美训练方法是指在健身健美训练过程中以运动生理学理论为基础，通过一系列独特的超负荷和高强度训练来刺激肌肉、肌腱、韧带以及整个身体系统，使身体机能和形态产生适应性变化，为达到发达肌肉、塑造形体、减缩脂肪以及提高体能而采取的训练方法。不同的训练方法对机体产生不同的训练效果，“种瓜得瓜，种豆得豆”是对健身健美训练方法十分形象的描述。在不同训练周期、不同年龄、不同体质、不同训练水平的练习者也应有计划地选择适宜自己的训练方法，避免生搬硬套，做到灵活运用。

第一节 初级健身健美训练方法

一、渐增超负荷训练法

（一）定 义

渐增超负荷训练法是指机体通过增加训练负荷使身体发生适应性改变，逐渐提高人体机能和肌肉形态的训练方法。只有当训练的负荷超过了习惯的水平，训练的适应才会发生。如果长时间使用同样的负荷进行训练，身体逐渐适应了这种刺激，因而这种刺激引起的反应会越来越小。为了进一步提高又需要突破已经形成的适应，必须不断提高运动负荷水平，突破机体对原有负荷的平衡状态，使机体达到一个新的负荷水平，才能促使身体的机能进一步提高。任何超负荷都是逐渐增加的，过度的负荷使身体产生劣变，过小的刺激不能给肌肉创造良好的生长条件，只有把握规律，对机体给予适宜的负荷刺激，这样才能逐渐提高机能水平。逐渐增加负荷的方法在任何体育训练中都适用，渐增超负荷训练法是健身健美训练的基石。

（二）适用范围

适用于平时发展肌肉力量和体积的训练中使用。

（三）案 例

如果现在的卧推重量是60公斤，按照负荷增加的理论，在下一阶段的训练负荷重量要在此基础上增加5%，而不应盲目增加过多的负荷，以此类推。此外，如果是初级水平者，就不能采用高级水平的训练负荷进行训练，那样会导致身体不适或运动损伤。

二、孤立训练法

（一）定　义

孤立训练法是指在一个动作练习中，通过最大限度减少协同肌的用力来促使主动肌肉承担最重要的角色，使主动肌受到专门的刺激，其主要作用在于能专门刺激目标肌肉，提高不同肌肉之间的分离度和改善肌肉形态。

（二）适用范围

适用于在重点需要发展的肌肉或塑造肌肉形态训练中使用。

（三）案　例

以三角肌作为例子，如果采用坐姿杠铃上举进行练习，在动作练习中涉及肩关节和肘关节，而在肩关节活动中有三角肌的参与，在肘关节活动中有肱三头肌的参与，这样不能很好地孤立训练三角肌。如果采用哑铃侧平举练习，只有肩关节的活动，参与肌群也只有三角肌，这样对三角肌有针对性的训练。

三、多组数训练法

（一）定　义

多组训练法是指同一块肌肉采用两组或两组以上的动作进行训练，使其达到巩固技术动作和刺激不同肌纤维类型的目的，这样能够使肌肉更快生长。如果每个部位只进行一组的练习，无论是采用大重量、中等重量或是小重量，一组训练只能刺激到一种肌纤维类型，也只能促使一种类型的肌纤维生长。显然，这种训练无法刺激到具有生长潜力的其他肌纤维类型，被训练的肌肉难以发挥最大的生长潜能。多组训练全面刺激肌纤维的所有生长成分，其结果是肌肉力量和体积增加。

（二）适用范围

不同的训练阶段和不同的训练课程，根据自身的体力和所锻炼部位安排合适的训练组数。

（三）案　例

不管组数如何构建，训练的阶段将决定训练组数的结构。例如，在训练初级阶段，整个训练系统的组数会相对少一些，一般每个动作训练组数为 1 ~ 3 组，而到中级阶段，训练的组数增加为 3 ~ 4 组，高级阶段组数为 4 ~ 6 组。如果是健身健美选手，接近比赛期，练习的组数和次数都会有比较大的变化，这完全取决于运动员的体能水平和既定目标。

四、金字塔训练法

（一）定　义

金字塔训练法是指在一次训练过程中，逐渐增加每组重量而减少次数的训练方法。这种通过增加重量而逐渐提高训练负荷的方式，一方面能够使肌肉产生更好的适应，防止运动损伤，另一方面还可以有效促进肌肉和力量的发展。

（二）适用范围

适用于平时发展最大力量和增加肌肉体积的训练。

（三）案　例

平卧杠铃卧推和哑铃侧平举的金字塔训练法举例（表 5 – 1）。

表 5 – 1　金字塔训练法举例

练习动作	组数/次数		最大重量百分比（%）
平卧杠铃卧推	2	8	80
	2	6	85
	2	4	90
	2	2	95
	1	1	100
哑铃侧平举	2	16	65
	2	12	70
	2	10	75
	2	8	80

五、分部训练法

（一）定　义

分部训练法是指将身体各部位肌肉根据不同阶段和不同目标的要求分成两部分、三部分、四部分、五部分、六部分或更多部分，然后对每个肌肉部位进行科学设计，形成课程计划，再将计划安排在不同的训练日或者一天中的不同时段而进行练习的一种训练方法。

分部训练法针对每个部位肌肉的锻炼强度会更大，将会对特定部位产生更大的刺激。

（二）适用范围

适用于初级、中级以及高级阶段的健身健美训练课程。

（三）案　例

例如，将身体分为上肢肌肉和下肢肌肉两个部分，每次只训练其中一部分。每周的第一次训练可以用 10 个动作来锻炼上身，这 10 个动作都可以采用很高的强度，因为刚开始时体能水平较高。然后，在下一个训练日中，集中训练下肢，用相同的强度采用 8 ~ 10 个动作，来锻炼下身的肌肉。在相同的时间里，增加了机体负荷刺激深度，这意味着可以用更多的动作和更多的组数来锻炼身体的上肢或下肢。同样，随着体格的进步和发展，还可以进一步实施更详细的划分方法，如三部分、四部分、五部分、六部分等。

六、阈值训练法

（一）定　义

阈值训练法是指为全面发展不同类型肌纤维而变化负荷强度的一种练习方法。由于一块肌肉是由许多不同肌纤维类型构成的，而且每条肌纤维的兴奋性是不同的，每一种肌纤维类型都有自身的阈值范围，有的阈值低，有的阈值高，因此，给予肌肉较小的刺激强度，只能动员那些兴奋性较高的肌纤维。这时参加收缩的肌纤维数量较少，肌肉收缩力量也较小。如果逐渐加大刺激强度，兴奋并参与收缩的肌纤维逐渐增多，肌肉产生的力量也越来越大。肌纤维的这种特性决定了对外界压力的不同响应。大重量、少次数、快速的训练动作能充分调动高阈值的白肌纤维。小重量、多次数和较持久的训练动作能充分调动阈值相对较低的红肌纤维。这种全面的训练方法能使骨骼肌的红肌纤维、白肌纤维、中间型肌纤维以及其他肌纤维均能得到适宜的专门刺激，从而提高其生理生化适应水平，促进肌肉力量和肌肉体积全面发展。

（二）适用范围

适用于平时发展肌肉体积和力量的训练。

（三）案　例

以胸大肌练习动作杠铃卧推为例，充分热身活动后，第一组做 20 次，第二组做 16 次，第三组做 12 次，第四组做 8 次，第五组做 4 次。

七、全程张力训练法

（一）定 义

全程张力训练法是指在健身健美训练中，动作全过程都必须保持肌肉的持续张力，也就是要将肌肉在用力做动作时始终不松懈作为要点。动作无论是在向心阶段还是在离心阶段，要求动作在缓慢、流畅、有控制的前提下完成，不使用冲劲或猛力起动，动作过程无悠摆、无空挡、不借助惯性，不使用爆发力，不论向心或离心收缩都要慢慢地完成，保证肌肉在动作全过程中始终受到刺激。

（二）适用范围

适用于平时增长肌肉的训练或提高肌肉耐久力的训练。

（三）案 例

在练习的初级阶段，大部分练习者对肌肉的控制较弱，速度过快，利用惯性完成动作。为了增加肌肉的张力和控制，可以让练习者以离心阶段 4～10 秒的速度下降，然后以 4～10 秒的速度做向心收缩，这种练习对初学者非常有效。随着控制能力的增强，应在自身能控制的前提下提高离心收缩和向心收缩的速度。

八、周期训练法

（一）定 义

周期训练法是指将健身健美训练时间分成不同的训练阶段，根据不同阶段的目标、任务和个体的差异，通过周期性地调整训练强度和训练量，逐步提高力量和增加肌肉体积而采取的训练方法。科学研究已证实，周期训练法是健身健美训练中身体适应应激的最佳方法，是让练习者获得更大力量、更多肌肉的最佳方法。

（二）适用范围

适用于初级、中级、高级各阶段的健身健美训练。

（三）案 例

在一年的一部分时间里，可以采用大重量、大强度、少次数，以增大肌肉体积和力量为目标的练习。而在其他训练周期里，降低重量，增加次数，并减少组与组之间的间歇时间，进行肌肉清晰度和雕琢细节为主的练习。合理安排大周期、中周期和小周期才能使练习者或运动员在合适的时候达到生理和心理的高峰状态。小周期是针对近期训练做出的训练计划，大周期是预先几周制定大致的训练计划结构。因此，可以认为大周期是为完成训练目标的总的训练结构，而小周期是实现既定目标的具体训练计划。

建议全年训练应分成 4 个主要周期，称之为大周期。每个大周期被分为多个（3 ~ 6 周）中周期，并进一步分为由各个训练单元组成的小周期（1 周）。每个周期水平不仅要有逐渐增加的训练刺激，还要安排适宜、及时、量化的减量或恢复周期，以保证恢复。中周期一般持续 3 周，前 3 周需要增加训练量和训练强度，第 4 周主要是恢复。小周期一般持续 1 周，前 3 天逐渐增加训练负荷，第四天减小训练负荷，第 5、第 6 天达到最大负荷，第 7 天停训休息。

第二节　中级健身健美训练方法

一、变换训练法

（一）定　义

变换训练法是指通过利用动作技术的细节变化或改变重量、组数、次数、间歇时间、动作速度，以及肌肉受力角度的变化来促使肌肉产生新的生物适应，从而更加有效地挖掘肌肉的生长潜能，促进肌肉快速增长。

（二）适用范围

适合于在平时发展肌肉体积的训练周期中使用。

（三）案　例

三角肌根据不同的位置可分为前束、中束和后束，而前束根据整个肌束可分为上、中、下三部分。在执行三角肌训练计划过程中，可以在一段时间的训练之后变换动作角度有侧重地刺激肌肉的不同部分，也可以变换重量进行练习，这样可以使肌肉产生新的刺激并形成新的生理学适应。

二、优先训练法

（一）定　义

优先训练法是指在训练过程中通过集中强化身体薄弱部位，把最薄弱、较薄弱或需要首先改善的身体部分，放在身体能量水平最高、精力最充沛的课程前半段进行集中训练，使薄弱部分获得更快进步的一种方法。优先训练法实际上就是一种纠偏和强化训练法，是针对肌肉生长缓慢和肌肉发展不均衡而创立的。

（二）适用范围

适用于每次训练课需要重点强化的肌肉部位。

（三）案　例

某些青少年的上身显得单薄而下肢较发达，大腿前侧发达而后群薄弱，需要通过优先训练法进行矫正。在中级阶段，由于认识上的偏差和训练中的疏忽，有些人到了中级阶段身上会出现多处薄弱、失衡、不匀称的细节，如胸背的失调、躯干与颈项的失衡、躯干与四肢不成比例，特别是上下肢的反差较大等等，若不及时纠正，身体就会失衡，严重违背健身健美运动的目标。这时，即可用优先训练法逐一突破薄弱环节，使身体全面均衡地发展。在高级阶段和赛前阶段强调精雕细琢，对平时训练较少的小肌肉群（如前锯肌、缝匠肌等）以及每部分肌肉形态的完美程度再进行重点突破、雕琢等。

三、折衷（兼顾）训练法

（一）定　义

折衷（兼顾）训练法主要是指把发展肌肉力量、体积、减脂和提高心血管机能结合在一个课程中进行练习的一种训练方法。通常把复合动作和孤立动作，把轻重量和大重量，把杠铃、哑铃、固定器械和拉力器的训练组成一个特殊训练课程，通过对训练过程各元素（重量、组数、次数、间歇时间、动作速度等）的改变，使力量、肌肉、减脂以及心血管机能得到全面的发展。

（二）适用范围

适用于平时训练周期的调整训练。

（三）案　例

训练初期，可以通过设计不同的训练课程来全面发展练习者的体能。在训练的高级阶段，在制定健身健美训练计划时，需要考虑基本动作和孤立动作的比例、大重量和轻重量的比例、固定器械和自由重量器械的比例。此外，在安排课程时还应考虑发展肌肉和减脂之间的比例，所有的课程安排都必须符合训练目标的需求，也就是在获得肌肉围度的同时其他身体机能也获得同样的发展。

四、局部集中训练法

（一）定　义

为了加强局部肌肉的刺激强度和深度，在练习过程中要通过 3 ~ 4 个动作从不同角度对局部肌群进行连续的刺激，直到这些动作全部练完，中间不穿插锻炼其他部位的动作，这样集中时间只锻炼一个部位的肌群。这种不间断连续的收缩和伸展会使大量的血液流向肌肉，促使局部肌肉处于充血、膨胀的状态，有利于肌肉的发展。

（二）适用范围

适用于需要重点发展或强化的肌肉部位。

（三）案　例

在锻炼胸部时，课程中安排的 3 ~ 4 个动作要连续进行，可以用杠铃卧推、上斜哑铃卧推、仰卧飞鸟和坐姿蝴蝶夹胸练习动作来单独训练它，直至这些动作全部练完，中间不休息或只有短暂休息。

五、组合训练法

（一）定　义

组合训练法是指针对两个或两个以上不同性质的练习动作连续刺激同一肌群的组合练习，组间动作转换间歇不宜超过 10 ~ 15 秒，或者无间歇。它是针对局部肌肉的一种训练手段，也是挖掘肌肉潜力、提高训练强度、加深刺激、达到充血效果的一种训练方法。组合训练法除完善发展主练肌群外，同时能强化肌肉辅助结构的功能，增粗血管，使肌肉的形状和线条更加清晰明显。

（二）适用范围

双组合适用于初级水平阶段使用，多组合适用于中级和高级水平阶段。

（三）案　例

健身健美训练法中最常见的有双组合和多组合两种形式。

第一种方法：双组合训练法

同一部位的肌肉群采用两个动作进行组合训练，中间不休息或短暂休息。以下是肱三头肌双组合的应用（图 5 – 1）：

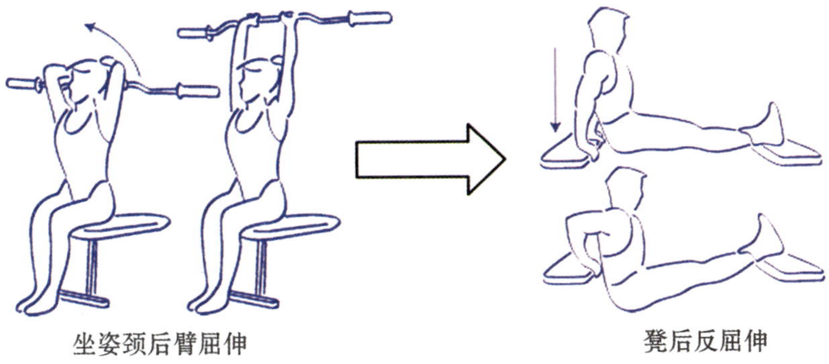

图 5－1　双组合训练法

第二种方法：多组合训练法

案例一：三组合训练法（增肌周期）

同一块肌肉采用三个不同的动作进行组合训练，中间不休息或短暂休息。此方法可以使训练部位大量充血，使大量血液快速集中到所训练的肌肉，加深刺激强度，迅速膨胀局部肌肉，是一种有效的发达肌肉的训练方法，一般在发展肌肉体积训练期使用。以下是三角肌三组合训练法的应用（图 5－2）。

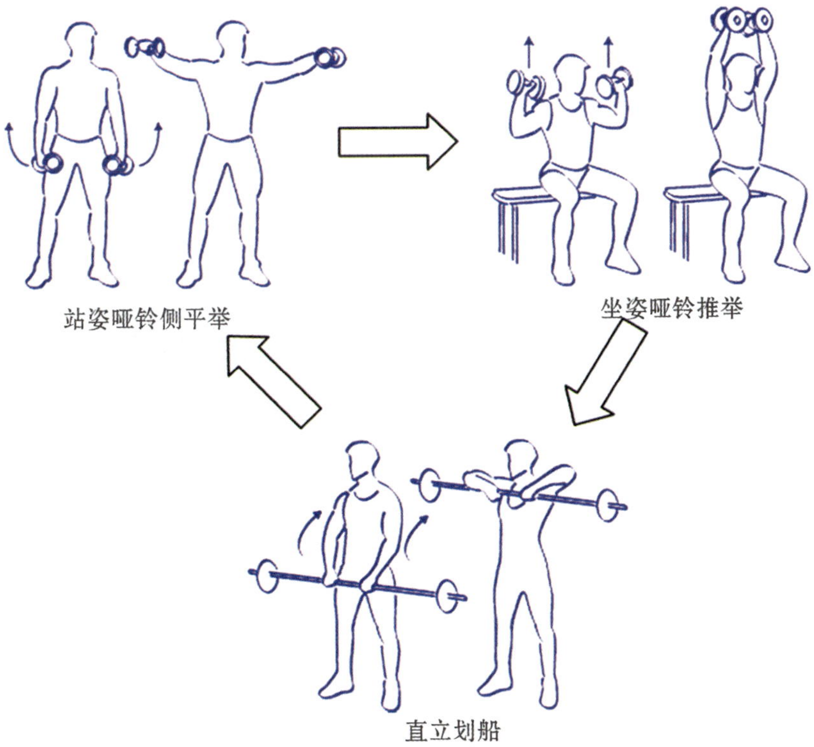

图 5－2　三组合训练法

案例二：四组合训练法（赛前周期）

这是把锻炼同一肌肉部位的 4 个动作进行组合练习，其间不休息或短暂休息，这种训练方法可以使所练肌肉部位得到全面均衡的发展。以下是胸部四组合训练法的应用（图 5 –3）。

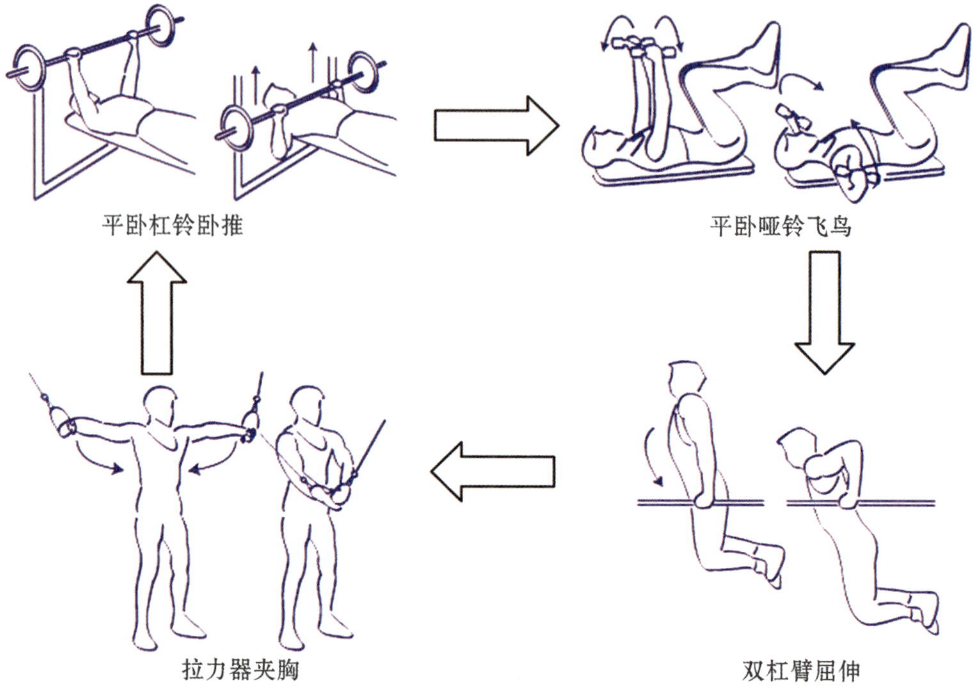

图 5 –3　四组合训练法

第三节　高级健身健美训练方法

一、超级组训练法

（一）定　义

超级组训练法是指将位置相近、功能相反的两部分肌肉放在同一时间内交替循环练习，一个部位一个动作，交替进行练习，两个动作之间没有休息。

（二）适用范围

适用于高级水平练习者在高强度训练周期使用。

（三）案　例

站姿杠铃弯举和站姿绳索下压就是超级组。此外，可以使用超级组的肌肉还有肱三头肌与肱二头肌，股四头肌与腘绳肌，胸部肌肉与背部肌肉，腹肌与下背部肌肉，腕屈肌与腕伸肌。

二、助力训练法

（一）定　义

助力训练法是指在训练中按正确、规范的动作要求做到力竭时，采用稍加变化动作结构或借助协同肌群和其他部位肌肉的力量来增加 1 ~2 次试举的一种训练方法。

（二）适用范围

适用于对重点肌肉和针对肌肉生长缓慢突破平台期时使用。

（三）案　例

假设在做一组站立杠铃弯举，在完成最后几次动作时有些困难，如果使用一些身体的动作来帮助度过最困难的那一点，能多做 1 ~2 次，这是正确地采用了助力训练法。为了多做几次，在做杠铃卧推时将臀部抬离凳面，这显然不是采用助力训练法。前者增加了肌肉上所受的压力，后者增加了受伤的危险。

以站姿杠铃弯举为例，用 85% 的重量弯举 6 次后，至多只能举到动作全程的 1/3 或 1/2，此时，可利用腰背和腿的助力及前摆力量摆动躯干，以使器械冲越“粘滞点”，再向上收缩至最大幅度，然后缓慢回到开始位置。此法由于破坏了动作的技术规范，用此法可增做练习 1 ~2 次，至多 3 次，不宜过多。

三、先期疲劳训练法

（一）定　义

先期疲劳训练法是指在进行局部肌肉训练时，先用一种专门动作（孤立动作）将一块肌肉训练至疲劳状态，中间不休息，然后马上进行一项多关节的一般动作（复合动作）练习。

（二）适用范围

通常在肌肉训练的平台期，重点需要加强的肌肉部位训练时使用。

（三）案　例

以平卧杠铃卧推为例，它是一个锻炼胸大肌的主要动作，但又必须依靠肱三头肌的协助把杠铃举起来，常见的情况是肱三头肌已经力竭而胸大肌还未感到酸胀。在这种情况下，可以在做卧推之前，预先做一个不需要肱三头肌参与的单关节动作，如仰卧飞鸟动作，以使胸大肌预先疲劳，接着再做平卧杠铃卧推。先期疲劳训练法使用指南（表5－2）。

表5－2　先期疲劳训练法使用指南

身体部位	专门练习（孤立动作）	一般练习（复合动作）
股四头肌	腿屈伸	深蹲
腘绳肌	俯卧或坐姿腿弯举	直腿硬拉
背阔肌	直杠下压	俯立杠铃划船
胸大肌	平卧哑铃飞鸟	平卧杠铃卧推
三角肌	哑铃侧平举	坐姿杠铃颈前推举
肱二头肌	站姿拉力器弯举	杠铃挺肘弯举
肱三头肌	肱三头肌下压	窄握卧推

四、休息－暂停训练法

（一）定　义

休息－暂停训练法是指在一组抗阻力量练习过程中采用不同间歇时间的方式来保证每组试举更多次数的方法，这是一种非常先进的发达肌肉的训练方法。

（二）适用范围

通常适用于增长力量和发展肌肉体积的训练。

（三）案　例

第一种方法是发展最大力量。选择的重量为最大重量的85%以上，其形式为：3次＋休息（30秒）＋3次＋休息（45秒）＋2次……。第二种方法是发展肌肉体积。选择的重量为最大重量的70%～80%，其形式为：6次＋休息（30秒）＋6次＋休息（45秒）＋4次＋休息（60秒）……。

五、抗重力训练法

（一）定　义

抗重力训练法是指举起重物后，在放下重物阶段时用力抵抗下降重物，使肌肉进行退让性被动收缩练习。正确完成退让工作的时间应为4～5秒，一般情况是，当重量下降的速度每次低于4秒时，这是终止本次练习的信号。

（二）适用范围

它只适用于有经验的训练者或高级水平练习者，通常在平时的训练周期中发展力量或突破平台期时使用。

（三）案　例

抗重力训练法主要有以下几种方式：

第一种：超大重量训练法

在卧推练习中，使用单次最大重量的110%～120%的负荷，在训练伙伴的帮助下把重量抬起，然后练习者利用自身的力量缓慢地、有控制地将杠铃下降至离胸部5厘米处，如此反复1～2次。

第二种：最大重量训练法

在卧推练习中，使用100%最大重量的负荷，在训练伙伴的帮助下把重量抬起，然后练习者利用自身的力量控制着将杠铃下降至离胸部5厘米处，如此反复2～3次。

第三种：次最大重量训练法

在卧推练习中，使用80%最大重量的负荷进行练习，做到力竭时，在训练伙伴的帮助下再抬起杠铃至顶点，然后练习者利用自身的控制力再做退让收缩训练，如此反复3～4次。

六、强迫次数训练法

（一）定　义

强迫次数训练法是指在一次力竭训练组结束之后通过同伴的协助再完成1～2次额外的练习，以此突破了普通疲劳的极限，加强对肌肉、肌腱及韧带的刺激深度，是具有强制性质的一种训练方法。

（二）适用范围

此训练法适宜体能较好的训练者或高级水平练习者。不宜初练者和一度中断过训练的练习者或是在治疗训练损伤期间的练习者，不宜在整个训练课程的每组中使用。

（三）案　例

选择做一组8次的杠铃卧推，目前卧推的最大重量为100公斤。按照重量和次数的关系可知，完成8次的负重应是100公斤的80%，也就是用80公斤进行训练，一般情况下只能做到8次，没有足够的能量做完9次和10次。这时，训练伙伴立即协助练习者从力竭点举起重量，能顺利做完另外的1～2次。确定强迫次数运用助力的力量是否恰到好处的一个方法是，让训练伙伴计算推起杠铃需用的时间。例如，如果重量在不到2秒内推到了顶点位置，那么训练伙伴帮助的力量过大。同样，推起的时间用了10秒以上，那么训练伙伴协助力量不足。

七、膨胀训练法

（一）定　义

膨胀训练法是指在以正确的姿势尽力做完一组的最后一次动作后，以至不能进行全程动作的试举时，再做2～3次局部短促的不完全动作，使正在活动的肌肉进入更多的血液并产生超量的乳酸，这种由增加血液和乳酸堆积引起的肌肉局部膨胀会导致肌肉产生强烈的灼烧感，能有效促进肌肉中毛细血管增多和肌肉组织增生。

（二）适用范围

适用于训练课中的重点需要强化的肌肉部位，不宜经常使用。

（三）案　例

在做引体向上动作时，当一组练习已经做到无力再完整地重复一次时，随后再连续做2～3次的不完全动作。

八、部分动作训练法

（一）定　义

部分动作训练法是指将训练动作控制在完整动作范围内的某一部分进行练习，用以加强局部肌群的刺激效果，克服肌肉训练的“盲区”，满足了练习者专门化的要求。而部分动作可以是运动轨迹的开始部分、中间部分和结束部分，也可以只占完整动作幅度的1/2、1/3或1/4。

（二）适用范围

适用于平时训练周期发展肌肉力量的训练课程，针对薄弱部位的环节加以强化，在雕琢肌肉形态的细节部分时使用。

（三）案 例

选择能完成 8 ~ 12 次的练习重量。以站立杠铃弯举为例，开始时，从起始位置至肘关节 90 度时做 10 次。完成后，立即从肘关节 90 度位置弯举到小臂垂直于地面时做 10 次，最后完整动作做 10 次。

九、快速收缩训练法

（一）定 义

快速收缩训练法是指在进行肌肉负荷训练的过程中，在保证动作规范的同时，要求在肌肉收缩的瞬间，尽可能地移动重物，动作要快速用力。这种爆发式的快速用力方式，能够最大限度发挥白肌纤维的作用，使肌肉力量和体积快速增长。

（二）适用范围

不宜在初级水平阶段使用，通常在发展最大力量训练课程以及在功能训练课程中使用。

（三）案 例

这种训练方法不能用于任何轻重量的练习，只能在最大重量 80% 以上的负荷训练时才能采用这种方法。要求保持正确姿势，整个过程集中注意力使用爆发力来完成动作。

十、质量训练法

（一）定 义

质量训练法是不改变之前训练参数前提下，包括重量、组数、次数不变，利用组与组之间减少休息时间的方式来提高训练强度，在肌肉能量系统不完全恢复的前提下进行下一组练习的训练方法。这种训练方法增加了训练密度，提高肌肉输出功率，促使肌纤维产生更强的生理适应。质量训练法对增加肌肉的清晰度和血管的显现度有较好的效果。

（二）适用范围

适用于赛前提高肌肉质量或提高肌肉清晰度训练中使用。

（三）案 例

在进行三角肌训练时，可以采用 50%、60%、70% 的重量进行练习，按照常规练习间歇时间为1～2分钟，在质量训练法阶段，逐渐减少组间休息时间，可以从120秒、90秒、60秒逐渐过渡到30秒，甚至15秒。

十一、递减组训练法

（一）定 义

递减组训练法是指当采用一定重量完成规定的次数时，由两旁的同伴立即从两端各取下一片杠铃，继续举到力竭时，这时各取下一片，再举至力竭，如此进行下去，以一个长组的练习达到力竭为止。若没有同伴或教练帮助，则可将不同重量的哑铃（如20公斤、18公斤、16公斤、14公斤等）一字排开，进行由重到轻的连续调换试举，中间不休息。

（二）适用范围

适用于提高肌肉清晰度或赛前减脂训练，但每次训练时只在一种动作中可以使用这种技巧。

（三）案 例

在每一组的递减重量中，可以进行1～3次的减量组训练，中间不休息。不同的减量组其效果略有不同（表5-3）。

表5-3 杠铃卧推减量组训练法举例

一次减量组训练		二次减量组训练		三次减量组训练	
公斤	次数	公斤	次数	公斤	次数
80	8	80	8	80	8
70	8（第一次减量）	70	8（第一次减量）	70	8（第一次减量）
		60	12（第二次减量）	60	12（第二次减量）
				50	16（第三次减量）

说明：减量组次数因个体差异有所不同。

十二、静力紧张训练法

（一）定 义

静力紧张训练法是指在一个负重或不负重的练习动作中，收紧相关肌肉使其固定在某个位置上，肌肉做等长收缩，保持最大的紧张度6～15秒，甚至更长时间，然后再重复

4～8 次的一种静力训练方法。这种持续不变的肌肉收缩练法可提高神经系统对肌肉的控制能力以及比赛的造型表现能力，同时对在动力性练习中不易募集到的肌肉也会相应地受到刺激。此外，还能使肌肉线条突出，皮下脉管显现，造成强烈的视觉效果。

（二）适用范围

适宜动作造型训练课或发展最大力量时使用。

（三）案　例

在赛前造型动作训练中，可采用静力紧张训练法对运动员进行集体或个人造型训练，增强运动员的神经肌肉控制能力，提高运动员在赛台上的表现（图 5－4）。

图 5－4　运动员造型训练

思考题

1. 解释渐增超负荷训练法的定义并举例说明。
2. 解释金字塔训练法的定义并举例说明。
3. 解释局部集中训练法的定义并举例说明。
4. 解释超级组训练法的定义并举例说明。
5. 解释休息－暂停训练法的定义并举例说明。
6. 解释递减组训练法的定义并举例说明。

第六章　健身健美训练计划制订

本章提要

- 了解健身健美训练计划基本原则
- 了解训练前身体形态和力量素质评估的目的
- 了解各项测试指标的实际操作步骤
- 理解一个成功训练计划所需的各种元素
- 通过个案研究将所学知识应用于健身健美训练实践

适宜的健身健美训练计划可以使练习者或者运动员逐步接近适应潜力的极限并在一段时间内保持最佳的运动能力。一个设计合理，精心策划并以运动科学为基础的训练计划能消除诸如“始终保持高强度”或“没有付出就没有收获”等错误的训练理念和思想。训练的目标在于用既定的计划来刺激练习者机体产生特定的生理和心理反应，从而在特定的时间里达到特定的练习目的。在训练过程中没有什么是偶然发生的，所有反应都是训练计划设计产生的结果。“凡事预则立，不预则废”，这句老话也适用于训练过程。一个安全有效的健身健美训练计划需要涉及运动科学的相关知识，这使得健身健美训练计划的制定变得更加复杂。教练员必须了解与运动科学有关的知识，如运动解剖学、运动生理学、生物力学、运动医学以及营养学知识。教练了解的知识越多，就能更好地安排训练计划，训练计划产生的效果才能更加有保障。

第一节　训练计划基本原则

所有的训练计划都是以基本训练原则为基础，包括超负荷原则、循序渐进原则、专门化原则、个体化原则、恢复原则。优秀的健身健美训练计划必须考虑这些基本的训练原则，把这些基本原则运用到健身健美训练计划的制定中。如果一个计划只包含其中一种或两种训练原则，那么将不会实现练习者的目标，甚至会导致运动损伤。

一、超负荷原则

运动负荷是施加于身体的一种综合刺激，根据刺激与反应的生物学原理，在一定的生理范围内，运动负荷越大，人体的机能反应也就越大，刺激也就越深，引起的超量恢复越明显。健身者的任何身体活动，都会引起人体产生解剖、生理和心理等方面的变化。从运动的生物反馈机制可知，只有当训练的负荷量超过了习惯的水平，训练的适应才会发生。如果练习者在很长一段时间内使用一个同样训练负荷的练习，人体机能就不会出现实质性的变化。如果负荷太小或者停训，任何经由训练所获得的效果将会减弱。超负荷原则是所有体育训练的基础，也是整个健身健美训练系统的理论基础。

二、循序渐进原则

因为训练者的水平将会随着训练的进行而持续逐渐提高，因此要随时调整增加强度以适应超量负荷的刺激，使得训练实施的强度稍微大于训练者的适应强度，以促进训练水平的进一步提高。但是在调整增加强度时要考虑循序渐进的原则，根据训练者的训练阶段选择最适宜的训练负荷。初级水平阶段、中级水平阶段以及高级水平阶段的训练内容以及在训练负荷方面的安排都是有区别的，负荷增加过快或过多都不利于体能的提高。盲目加大负荷量或增加训练难度，不但不会带来好的训练效果，还会带来过度训练，甚至大大增加受伤的风险。为了在训练中逐渐增加训练负荷，初练者在开始的训练中应采用预定的指导数进行练习。然后在严格技术要求训练中，若能达到或超过预定重复次数，就可以增加练习的重量。这时，回到原来的预定重复次数下限再进行练习，以此方法不断重复增加重量。

三、专门化原则

不同类型的运动将导致肌肉在力量和耐力方面发生完全不同的变化，即训练的适应性是专门化的。众所周知，通过健身健美训练会增加肌肉的体积和力量，而有氧训练能改善人体的心肺系统功能。训练适应对于运动类型、运动量和运动强度具有极高的专门化倾向。举重不会增进长跑选手的耐力，而慢跑也不会产生举重选手所希望增加的力量。即使在非常相似的练习中，训练效果的传递也是有很大的差异。同样是力量训练，不同的训练方法和手段所产生的训练适应是不同的，有的练习可以发展最大力量，有的练习是可以增加肌肉体积的，有的练习是可以减脂的。就如同跑步练习，100 米和 5000 米的训练方法和手段也存在较大差异。专门化原则也适用于在不同结构上的练习动作之间生物力学的巨大差别，也决定了不同健身健美训练动作的适用范围和自身的局限性。例如，宽握距杠铃卧推和窄握距杠铃卧推所发展的肌肉重点是不同的。

四、个体化原则

所有的人都是不同的，同样的练习和训练方法在不同练习者中会产生或大或小的效果。在细胞生长速率、代谢、心血管和呼吸的调节，以及神经内分泌调节作用上的差异，导致了极大的个别差异。个体化原则可以解释为什么有些人在从事某一计划之后会获得非常大的进步，但有些人却在参与相同计划之后只能获得较小的改变。现已证明，无数的企图模仿著名运动员的训练惯例都是不成功的，应理解并创造性地应用著名训练计划所遵循的一般理念，而不是照搬它的整个训练方案，对于从训练实践和科学研究中得出的平均值同样也是如此。练习者需谨慎地运用一般的训练惯例，在初级水平阶段的训练差异化相对较小，而在高级阶段，个性化训练更加突出。也就是说，训练水平越高，训练的个体化程度也应该越高。

五、恢复原则

恢复原则是制定健身健美训练计划时必须考虑的重要原则。通过抗阻力量训练对肌肉产生刺激导致肌纤维蛋白质分解，然后通过蛋白质的超量恢复逐渐使肌肉发达起来。如果过于频繁地对肌肉进行训练，以至于身体无法在下一次训练课到来之前得到更好的恢复，导致过度训练或者使肌肉长期处于分解状态，体能素质提高以及肌肉的增长就会变得更加困难，超量恢复的理想状态就不会发生。训练导致肌纤维的损伤和良性破坏（表现为肌肉酸痛），训练后身体便开始恢复，如果给予足够的时间，被破坏的肌纤维将变得比以前更强壮有力，这就是“超负荷、超补偿”。健身健美训练的超补偿主要是指蛋白质产生的超量恢复，如果在前一次训练没有充分恢复之前再次训练，那就会阻碍蛋白质超量恢复进程，肌肉的增长就会变得更加缓慢。这说明在安排健身健美训练计划时要充分考虑个体的恢复因素，无论是能量（蛋白质）的恢复、肌肉的恢复、激素的恢复以及神经的恢复。

第二节　身体形态和力量素质评估

在练习者进行健身健美训练之前，首先要对身体进行全面的测试和评估，其内容包括身高、体重、肌肉围度、身体成分以及肌肉力量素质。在所有测试结束之后，需要把这些测试结果和推荐值进行对比，然后对肌肉形态和体能状况做出评估。通过这些测试指标获得有关健身健美练习者的健康状况和体能数据，为其制定科学的健身健美训练计划提供重要依据。

一、身体形态测量

（一）身　高

身高是人体立位时的总高度，反映人体骨骼生长发育情况。通过一个人的身高与身体其他部位的围度、长度（胸围、腰围等）之间的关系可以间接了解他的身体形态。

（二）体　重

体重为人体总重量，在一定程度上表示骨骼、肌肉、脂肪和脏器的发育情况，在健身健美运动员中可反映肌肉的发达程度。体重是衡量一个人体形体态的重要指标，过胖或过瘦都会影响一个人的身体形态及健康水平。在身高一定的情况下，每个人的体重也有一定的正常范围。

男性体重（千克）=身高（厘米）-100

女性体重（千克）=身高（厘米）-105

（三）肌肉围度测量

肌肉围度是健身健美训练评估中的一个重要指标，简单，易操作，能够反映肌肉的发达程度和饱满度。在健身健美训练过程中，可以通过定期的围度测量来判断自己的进步情况，适时对计划的调整提供科学依据。如果结合体成分指标可以更加客观地判定肌肉增长情况。

1. 常用肌肉围度测量指标

（1）肩围：反映三角肌等肩带肌群的发达程度。

（2）上臂围：反映肱三头肌和肱二头肌的发达程度。

（3）前臂围：反映前臂伸肌群和屈肌群的发达程度。

（4）胸围：反映胸大肌、背阔肌以及胸廓肌肉群的发达程度。

（5）腰围：反映腰腹肌的发达程度。

（6）臀围：反映臀大肌、臀中肌以及臀小肌的发达程度。

（7）大腿围：反映股四头肌、腘绳肌以及内收肌群等大腿肌肉群的发达程度。

（8）小腿围：反映小腿腓肠肌、比目鱼肌以及胫骨前肌等小腿肌肉群的发达程度。

2. 肌肉围度测量

（1）肩围

受试者直立，挺胸抬头，测量时软尺紧贴身体两侧三角肌中部的突起点，使软尺处于水平位（图6－1）。

（2）胸围

受试者直立，两肩放松，两臂自然下垂，被测者均匀、缓慢地呼吸。测量者将软尺围绕胸廓一周。在背部，软尺上缘置于肩胛骨下角的下方，在胸部，软尺下缘放于乳头上缘（图6－2）。

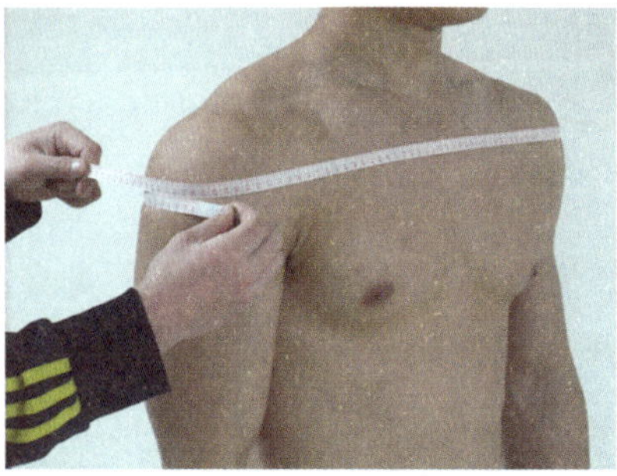

图6－1　肩围

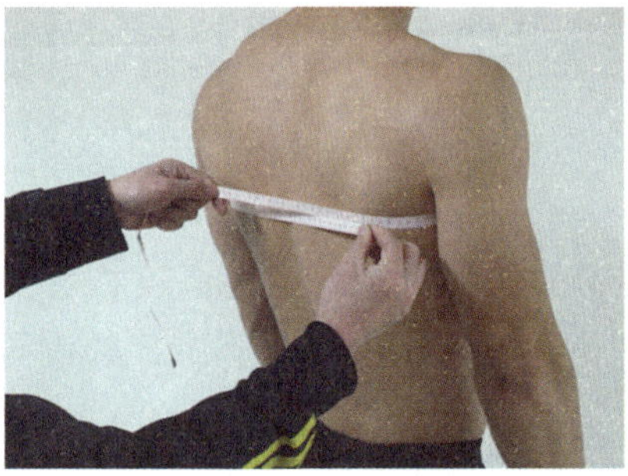

图6－2　胸围

（3）上臂围

受试者直立，被测者上肢平举于前平举和侧平举之间，掌心向上，将软尺在肱二头肌最突起部位围绕一周进行测量（图6－3）。可以测量收缩围，也可测量放松围。

（4）前臂围

受试者直立，手臂伸直于身体前面，掌心向上，测量前臂肌肉最大的部位（图6－4）。

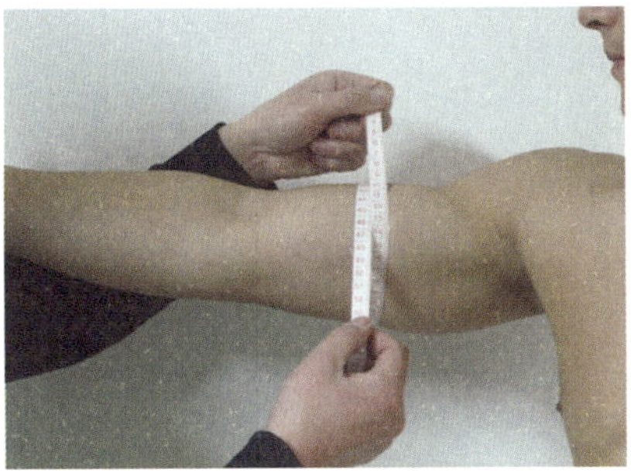

图6－3　上臂围

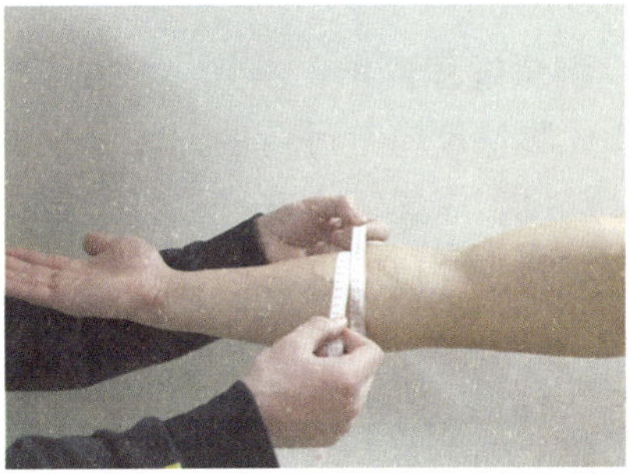

图6－4　前臂围

（5）腰围

受试者直立，两臂垂于两侧，两脚并拢，正常呼吸，水平测量腰围最细处，即脐以上剑突以下（图6－5）。

（6）臀围

受试者直立，两脚并拢，水平测量臀部隆起最明显处（图6－6）。

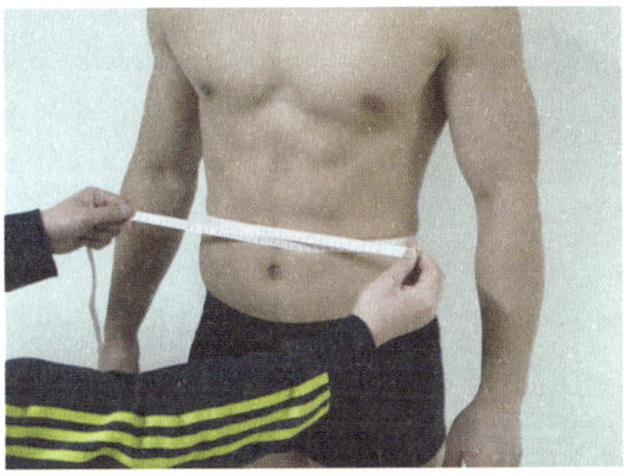

图6－5　腰围

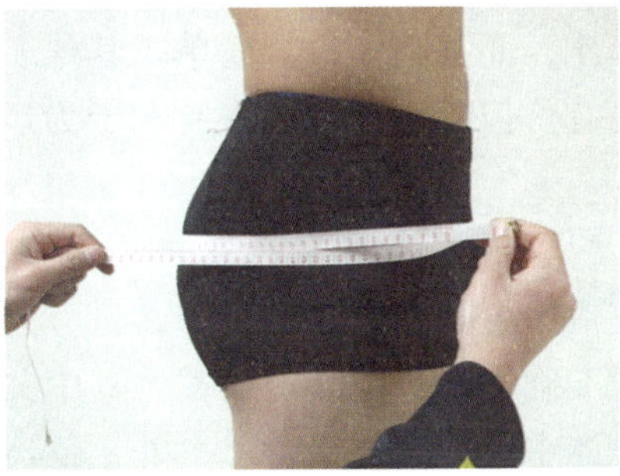

图6－6　臀围

（7）大腿围

受试者直立，测量大腿上端接近髋部（臀线处），注意与纵轴垂直（图6－7）。

（8）小腿围

受试者直立（两脚分开约20cm），水平测量膝与踝之间围度最大处，注意与纵轴线垂直（图6－8）。

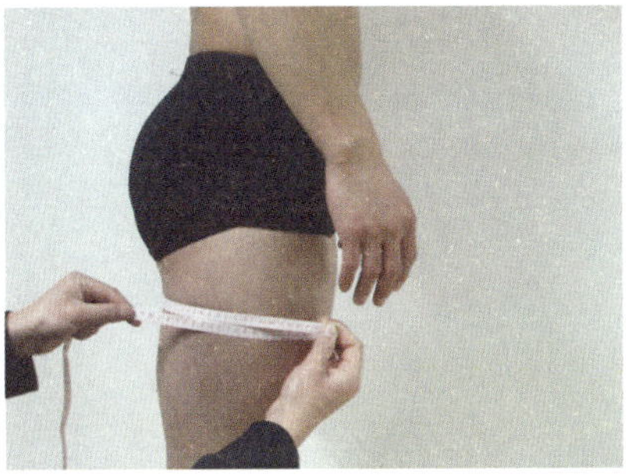

图6－7　大腿围

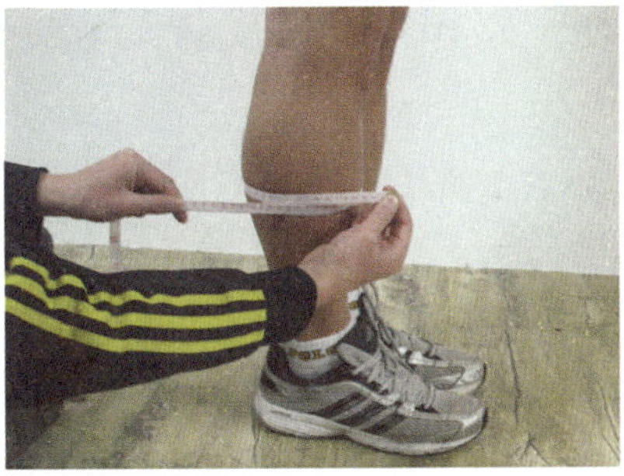

图6－8　小腿围

3. 测量过程要求

（1）测量尺应是可弯曲而无弹性的带状尺。

（2）尺子应置于皮肤表面，不能压迫皮下脂肪组织。

（3）同一部位应进行两次测量，若两次测量结果相差 5mm 以上要再次进行测量。

二、体成分测试

（一）体成分的概念

体成分指在人体总重量中不同身体成分的构成比例。目前主要有三种不同的身体成分模型，分别是化学模型、解剖模型和两元素模型。从化学角度，人体成分由脂肪、蛋白质、碳水化合物、水和矿物质构成。从解剖角度，人体成分由脂肪组织、肌肉、器官、骨骼和其他组织构成。两元素模型将身体成分简化为两种成分：脂肪重量和去脂体重。脂肪重量通常以相对体脂的形式表示，而相对体脂就是脂肪组织的重量在机体全身重量中所占的百分比，而去脂体重就简单指其他所有不是脂肪的组织。精确的体成分测评能够提供比体重更有价值的信息，这将有利于为运动员或健身健美练习者制定更有效的训练计划。

（二）皮褶厚度测试

皮褶厚度是推断全身脂肪含量、判断皮下脂肪发育情况的一项重要指标。影响皮褶厚度测试准确性的决定因素很多，其中关键的一点是要找到合适的部位，这一部位必须能够反映身体主要的脂肪含量。另外，仪器的选择也很重要，多次测试必须使用同一仪器，以免测量的结果出现误差。再者，不同测试者测试的结果也会影响最终结果。最后，用同一个测试仪器测出的结果来建立相关的测试公式，这也是很重要的。正常范围内的体形，通过仔细的皮褶厚度测量，可以看出皮下脂肪和皮脂厚度是否有变化。由于儿童和青少年的体脂增长快，变化大，所以皮褶厚度法用于测试这类人群有一定的局限性。

1. 皮褶测量部位和测量指导

（1）胸部

男性为腋前线和乳头连线的 1/2 处，女性为腋前线和乳头连线的中外 1/3 处斜捏起皮褶（图 6－9、图 6－10）。

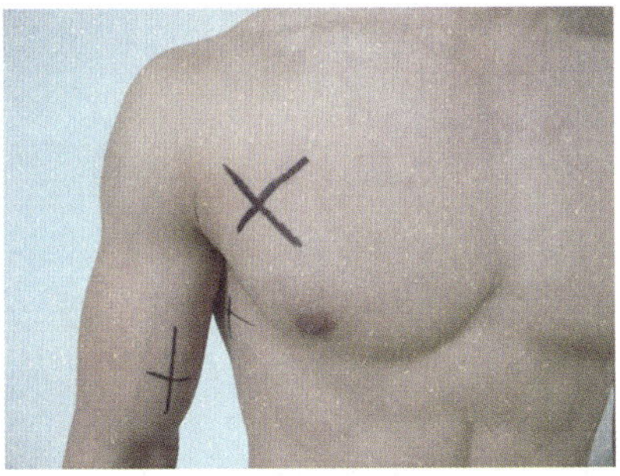

图6－9 胸部测量位置

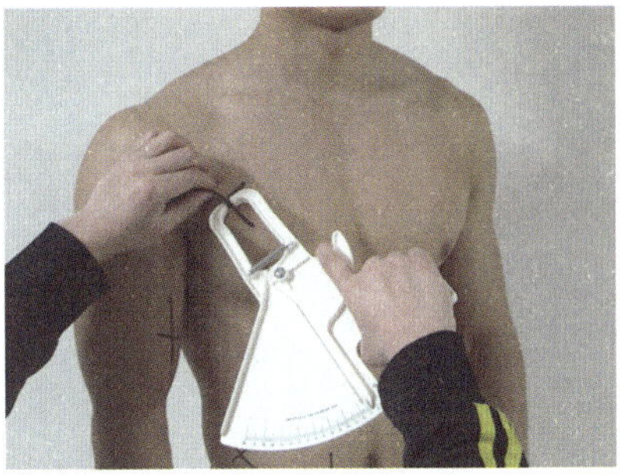

图6－10 胸部测量手法

（2）肩胛下

肩胛下角下部1～2厘米处以45度斜捏起皮褶（图6－11、图6－12）。

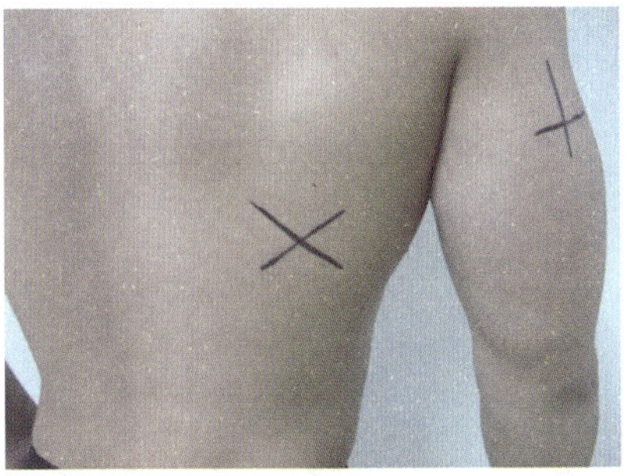

图6－11 肩胛下测量位置

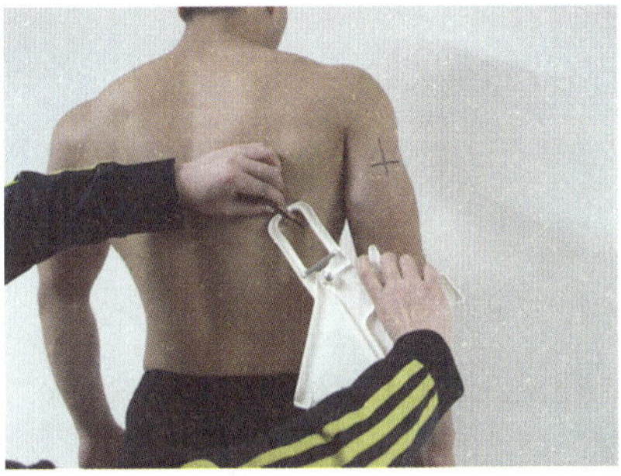

图6－12 肩胛下测量手法

（3）三头肌

手臂自然伸直下垂于身体两侧，在上臂后侧肩峰和鹰嘴连线的中点垂直捏起皮褶（图6－13、图6－14）。

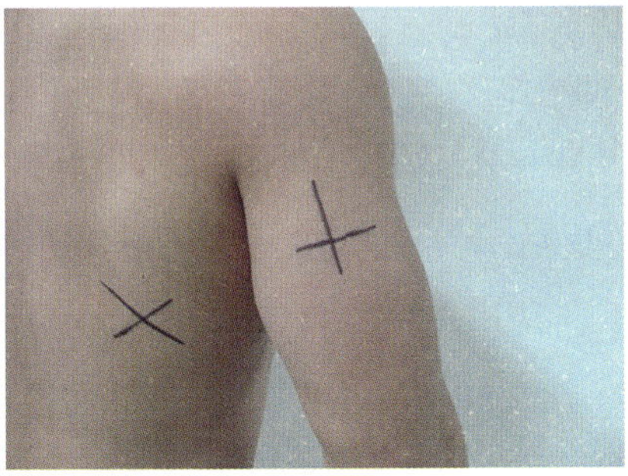

图6－13 三头肌测量位置

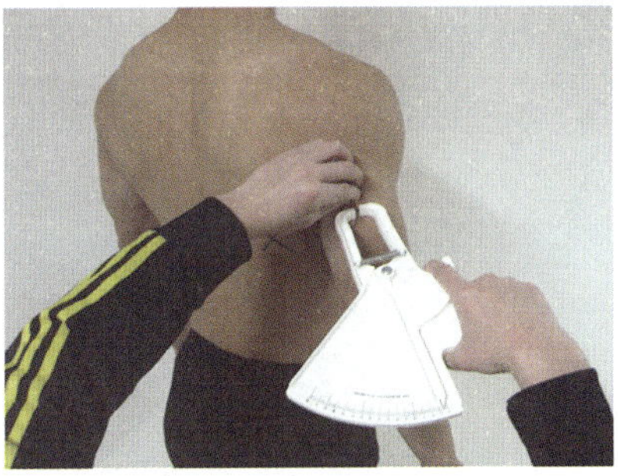

图6－14 三头肌测量手法

(4) 下腹部

在肚脐右侧2厘米处，垂直捏起皮褶（图6－15、图6－16）。

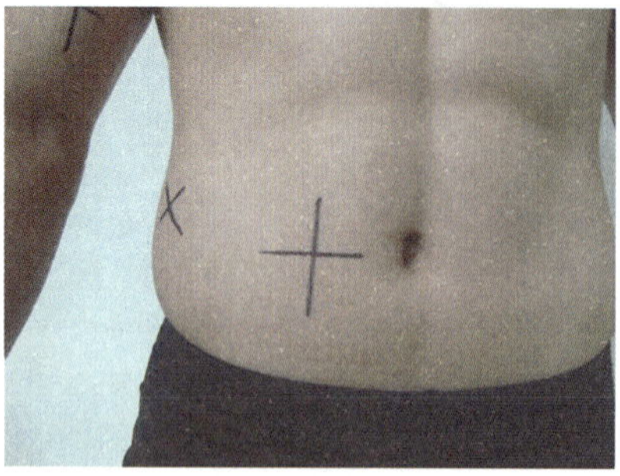

图6－15　下腹部测量位置

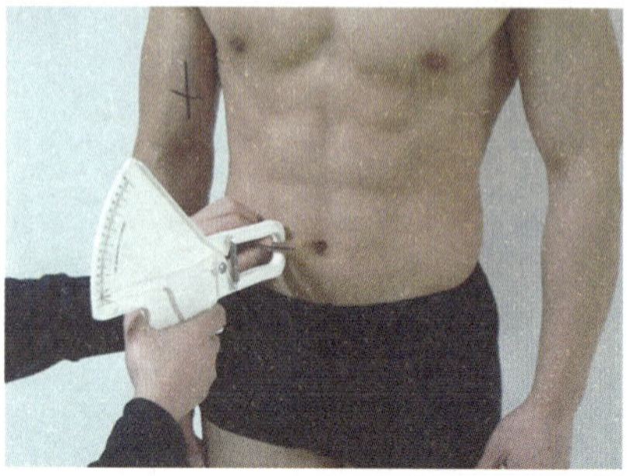

图6－16　下腹部测量手法

(5) 髂前上嵴

腋前线过髂前上嵴上方，沿髂骨翼自然斜捏起皮褶（图6－17、图6－18）。

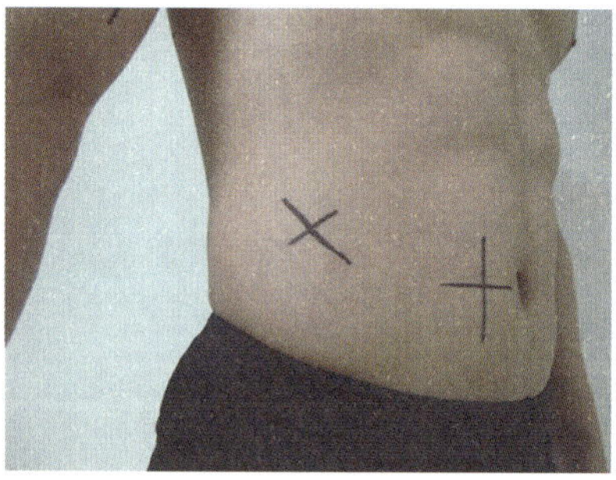

图6－17　髂前上嵴测量位置

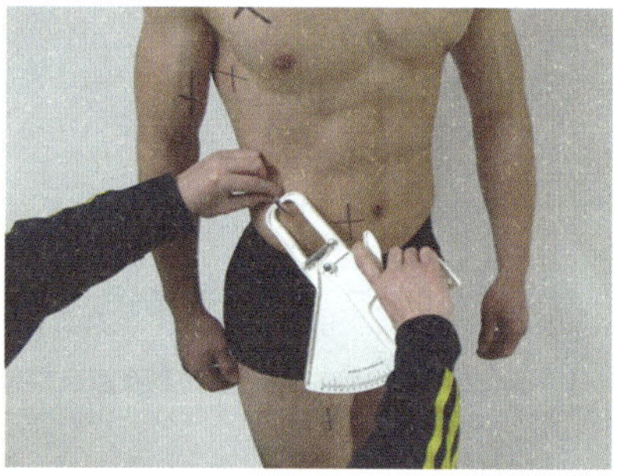

图6－18　髂前上嵴测量手法

(6) 大腿

大腿前部中线，髌骨上缘与腹股沟连线中点垂直捏起皮褶（图6－19、图6－20）。

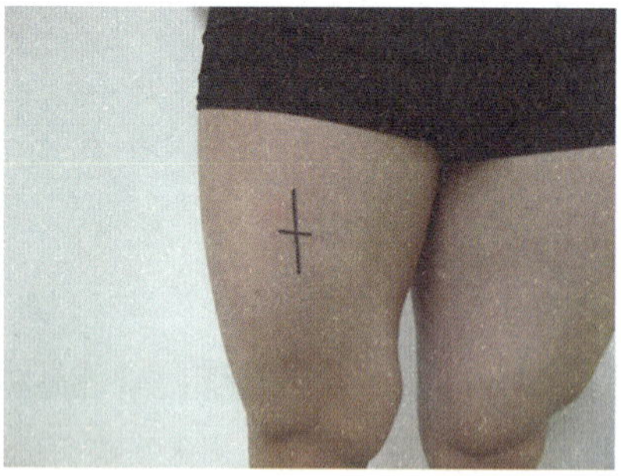

图6－19　大腿测量位置

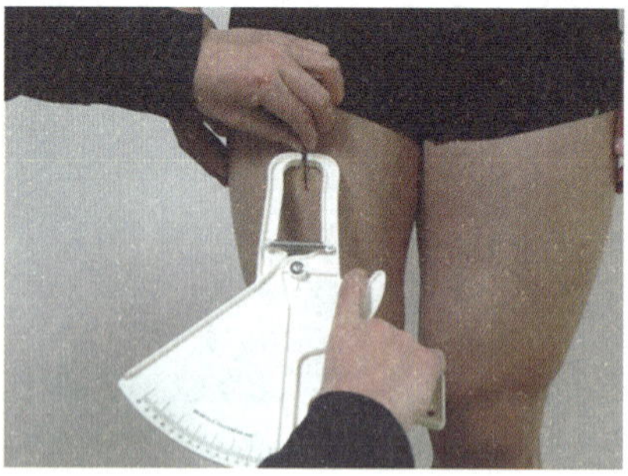

图6－20　大腿测量手法

2. 测量要求

(1) 所有测量要在受试者身体右侧进行，受试者呈直立位。

(2) 皮褶钳应置于皮肤表面，垂直于皱褶，测量点距拇指和食指边缘处约1厘米，皮褶游离缘与基底部中间。

（3）读数时要捏住皮褶不能松开。

（4）读数前等 1 ~2 秒。

（5）每一个部位要进行两次测试，如果两次测量结果差别大于 1 ~2 毫米，应重新测量。

（6）更换测量点或给予充分时间让皮肤恢复正常纹理和厚度。

（三）通过皮褶厚度计算身体密度公式（单位：毫米）

1. 男　性

方法一：三点法（胸、腹部、大腿）

身体密度 =1.10938 −0.0008267 ×（3 处皮褶厚度之和）+0.0000016 ×（3 处皮褶厚度之和）^{2} −0.0002574 ×（年龄）

方法二：三点法（胸、三头肌、肩胛下）

身体密度 =1.1125025 −0.0013125 ×（3 处皮褶厚度之和）+0.0000055 ×（3 处皮褶厚度之和）^{2} −0.000244 ×（年龄）

2. 女　性

方法一：三点法（三头肌、髂前上嵴、大腿）

身体密度 =1.099421 −0.0009929 ×（3 处皮褶厚度之和）+0.0000023 ×（3 处皮褶厚度之和）^{2} −0.0001392 ×（年龄）

方法二：三点法（三头肌、髂前上嵴、腹部）

身体密度 =1.089733 −0.0009245 ×（3 处皮褶厚度之和）+0.0000025 ×（3 处皮褶厚度之和）^{2} −0.0000979 ×（年龄）

（以上公式引自：王正珍译 . ACSM 运动测试与运动处方指南 . 第九版 . 2015）

（四）通过身体密度计算体成分

一旦确定身体密度便可计算出体脂百分比，两种最常用的公式用于由身体密度推算体脂百分比：

公式 1　$体脂百分比\% = \dfrac{457}{身体密度} - 414.2$

公式 2　$体脂百分比\% = \dfrac{495}{身体密度} - 450$

（五）新型生物电阻抗测试法

生物电阻抗分析仪是一种无创、安全、相对简便和可靠的测量体成分的方法（图6-21、图6-22）。生物电阻抗分析仪以人体电阻为基本数据，能够准确测量身体脂肪重量、水分、瘦体重比例、体脂百分比以及各部分的相对重量和基础代谢。经验证，此分析仪设计精密，数据准确可靠，整个测试过程只需几分钟，屏幕操作提示，使用方便。手提式及内置可充电电池可随时开始工作，而且数据重复性极高，避免了人手操作误差。多项测试结果可即时打印，可提供专用软件进行数据管理，使分析记录非常方便。生物电阻抗分析仪为健身健美练习者或运动员提供了最直接、最简单、最便捷的体成分分析途径，在现代健身健美训练中已经得到了广泛的应用。随着科学技术的发展，体成分测试的准确性也越来越高，成为了健身健美练习者和运动员日常训练或备赛中最得力的监控手段。以下是常用的测试指标（表6-1）。

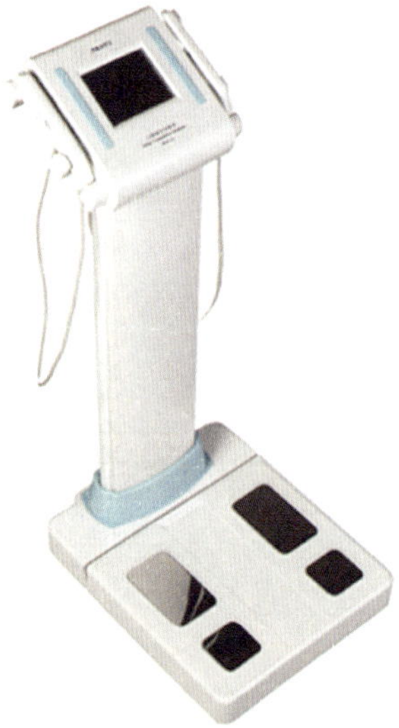

图6-21　体成分分析仪

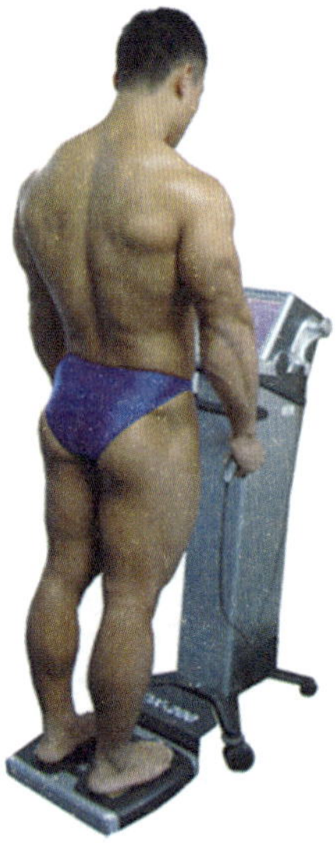

图6-22　运动员体成分测试

表6-1　小张生物电阻抗测试记录表

姓名	测试时间（秒）	体重（公斤）	脂肪百分比（%）	身体脂肪量（公斤）	肌肉量（公斤）	基础代谢率（千卡）
小张	6.7	86.3	19.8	17.1	64.2	1686
	×	×	×	×	×	×
	×	×	×	×	×	×
	×	×	×	×	×	×

为了更加准确真实地测量人体的身体成分，在使用生物电阻抗分析仪前需要执行以下

几个要求：

◎ 测量前 4 小时内应禁食，包括食物和饮料等。

◎ 测量前 12 小时内禁止运动，以防身体脱水。

◎ 测量前 30 分钟内应入厕小便。

◎ 测量前 2 天不可饮酒。

◎ 测量前 7 天不可服用利尿剂药品。

◎ 测量前含有利尿效果的食品应减少摄取，如咖啡因、巧克力等。

（六）男女体脂百分比分类

体脂百分比是衡量一个健身健美运动员水平非常重要的指标，在赛季和非赛季进行体脂监控是非常有必要的，它可以为我们的训练提供一个最直接的效果参考。然而，不同的国家、不同的种族、不同的职业所设立的体脂百分比分类也各不相同。根据练习者脂肪含量的多少，可以将其分为过瘦、偏瘦、正常、偏胖、肥胖及过胖六个不同脂肪含量的体脂百分比分类（表 6－2）。过瘦者应增加肌肉，肥胖及过胖者应减脂，而正常体脂百分比的练习者，可以通过健身健美锻炼达到健身塑形的效果。

表 6－2 男女体脂百分比分类

	过瘦	偏瘦	正常	偏胖	肥胖	过胖
男	≤7	8～13	14～19	20～24	25～29	≥30
女	≤11	12～17	18～24	25～29	30～35	≥35

三、肌肉力量测试

（一）最大力量测试

肌肉力量的测试对于评估练习者基线的体能水平十分重要，绝对力量被定义为一次能举起的最大重量，在运动科学领域，这被定义为 1RM（One－Repetition Maximum，译：一次反复最大重量）。在日常练习中，要将练习者的练习负荷以% 1RM 来安排，首先应测试练习者的最大力量（1RM）。对于具有健身健美训练经验（中级或高级）、练习技术良好的练习者，这种测试是很适合的。选择一个动作在测试训练者的 1RM 负荷的时候，负荷是逐渐加上去的，但是并不是所有的练习者能够承受这种渐增的负荷过程，使得有的练习者在达到 1RM 负荷之前就已经疲劳了，这样就会影响测量的准确性。但对于没有健身健美训练经验的练习者、受伤的队员或进行医疗监护的练习者，直接进行 1RM 的测试是不妥的。

直接测试单次最大负荷重量（1RM）的方法：（图 6－23）

图 6－23　卧推力量测试

1. 以小负荷（轻松完成 10～15 次的负荷）进行热身。
2. 热身后休息 2 分钟。
3. 增加负荷，能完成 6～8 次重复（热身性试举）。
4. 休息 2～5 分钟。
5. 增加负荷，能完成 3～4 次重复（保守性试举，不能做到力竭）。
6. 再经过 2～5 分钟休息，按照流程 3 增加负荷。
7. 进行 1～2 次重复试举。
8. 如果成功，休息 2～5 分钟，然后增加重量进行 1RM 试举。如果试举失败，休息 2～5 分钟，然后减小负荷再进行最后一次试举。
9. 最好在 5 次测试之内找到 1RM。

（二） 健身健美训练水平分类

健身健美训练水平分类是衡量健身健美练习者力量训练水平的一项重要指标，是区分不同阶段训练水平进步的依据，是制定科学训练计划的前提。在进行健身健美训练之前必须考虑练习者的力量水平，如果练习者没有足够大的肌肉力量，一些难度较大的动作将不能完成，或者给练习者带来一定的风险。评价被运用到制订计划的过程当中，因此教练或教师需要去做的就是收集关于训练者的初始状态以及其技术掌握情况，通过这些个人信息和现实的测试水平为练习者制定一个科学的健身健美运动计划。当然，练习者也可以依据练习水平确定自己的训练等级。表 6－3 提供的分类标准基本反映了不同训练阶段的力量水平，可以为练习者或教练员提供一个评估健身健美训练水平的依据。

表 6－3　健身健美训练水平分类

训练阶段	卧推（公斤）	深蹲（公斤）
初级水平阶段	1RM 卧推＜1.0 体重	1RM 深蹲＜1.25 体重
中级水平阶段	1.0 体重≤1RM 卧推＜1.5 体重	1.25 体重≤1RM 深蹲＜2.0 体重
高级水平阶段	1RM 卧推≥1.5 体重	1RM 深蹲≥2.0 体重

第三节　训练计划初始目标

制订训练计划之前，关键是了解训练者的最初训练目标或预期效果，明确具体的目标将会使训练者获得显而易见的练习效果。为达到这一显著效果之前训练者需要拥有并执行一个明确的训练计划。健身健美练习者一般具有以下几方面的健身目标。

一、增大肌肉体积，提高肌肉力量

通过外在的负荷刺激促使肌肉和神经系统产生适应性改变，肌肉的横截面积增加，力量增大，最终表现出发达的肌肉轮廓和清晰的肌肉线条。在明确训练计划的具体目标时，像这样的说法："我想让我的胳膊变得更粗""我想拥有更大的肌肉体积""我想使自己力量更大一点"，可能预示着训练者想通过执行一个健身健美训练计划来增加自己的肌肉体积。但是，更有效的训练计划更加强调方案的具体性，而不是含糊不清和笼统的健身目标。应该这样来描述：二个月大臂围度增加 2 厘米，三个月瘦体重要增加 5 公斤，六个月我的卧推重量要增加 10 公斤，这样的目标描述使计划的评价变得更加具体真实（图 6－24）。

二、矫正体形，塑造优美身材

练习者可以通过健身健美训练达成自己的理想形体目标。因为各种原因导致的含胸驼背、上身发达下身薄弱、溜肩或两肩高低不均、两腿粗细不均、大腿发达小腿过细、O 型腿、膝关节内扣、肩窄腰粗等常见问题，都可以从具有针对性的健身健美训练计划中获得较好的训练效果。所以，当一个人的体形体态已经出现问题并需要矫正的时候，就可以有针对性地选择某些适当的动作进行锻炼，弥补先天不足，从而达到矫正形体的目的。如四肢不成比例者，可以采用优先训练薄弱部位，使之发达起来，逐渐与四肢更加协调，更加匀称。由于健身健美运动的这一特殊作用，许多练习动作已被进一步用于医疗体育方面（图 6－25）。

图 6－24　发达肌肉和提高力量

图 6－25　矫正形体和塑造优美身材

三、减肥瘦身

健身健美训练对于身体过胖和体重过重的练习者，是最有效的减脂手段之一。健身健美运动员过低的脂肪百分比也充分说明了健身健美运动对减脂的重要作用，在促进人体基础代谢方面优势明显。通过健身健美练习，可以优化身体成分，增加肌肉组织，提高基础代谢率，能较快消耗大量热量，迅速减脂。健身减肥的人们最容易犯的错误是节食减肥，这种方法虽然能够短期减轻体重，但是，热量过度的减少会导致肌肉组织分解供能，降低基础代谢，使减肥变得更加困难，而增加肌肉组织可以提高基础代谢，强化减脂效果。只有通过健身健康训练才能增加肌肉，健身健美训练是减肥的关键。作为健身健美教练和指导者，应知道和练习者达成一个具体的、切实可行的目标才是最重要的。这时，“我要减轻 20 公斤”“我的胳膊再细 2 厘米”，这意味着你要精心设计一个更具体的健身训练计划

(图 6－26)。

(四) 提高健康体能和竞技体能

健康体能包括肌力、肌耐力、心肺功能、柔韧、身体成分五项体能素质。竞技体能包括力量、耐力、速度、心肺功能、柔韧、功率、平衡、协调、灵敏、精准性十项公认的技能。不管是发展健康体能还是竞技体能，健身健美训练是促进体能最有效的手段之一。通过健身健美训练，体能素质得到快速发展，运动能力也得到快速提高，身体机能得到改善，使人们在生活和竞技运动中有更加突出的表现。不同的体能素质，同样可以通过不同训练计划要素组合来完成。如果训练者需要把提高肌肉耐力作为自己力量训练的目标时，那么我们在训练的时候要求每组的练习重量不能太大，但次数要增加，间歇时间要短（图 6－27）。

图 6－26 减肥瘦身

图 6－27 提高健康体能和竞技体能

(五) 功能康复

健身健美运动是进行康复训练的重要手段，其独有的训练方法已经在康复领域得到患者的肯定和认同。损伤康复重点在于通过健身健美各种训练手段和方法对康复部位的肌肉、韧带、软骨和肌腱进行适宜的有效刺激，促进局部组织代谢，促进本体感觉发展，提高关节的稳定性，使运动功能障碍得到改善。(图 6－28)。

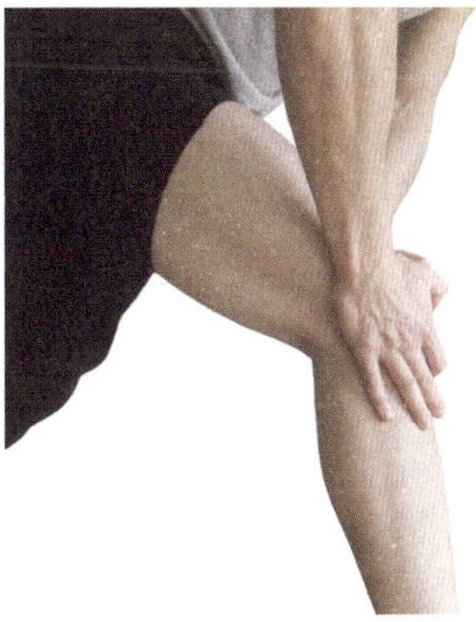

图 6－28 功能康复

第四节　训练计划要素

制订一个有效的健身健美训练计划需要根据对训练过程中可变因素的分析做出相关的决定，使得训练计划更具有明确的目标，更安全、更有效。这涉及许多要素，包括练习部位、动作选择、动作顺序、组数、次数、重量、组间间歇时间、动作速度、训练频率以及执行健身健美训练计划的建议等。

一、练习部位

人体全身上下有600多块骨骼肌，每一块骨骼肌都承担着不同的角色，并且每个角色都非常重要，每个部位都必须进行有针对性的训练。在日常练习中所关注的主要部位有胸部、肩部、背部、上臂、前臂、腰腹部、大腿和臀部、小腿（图6－29）。然而，要真正雕塑和发展完美的肌肉形态，还需要对肌肉群再进行细分：

◎ 胸大肌——胸肌上部、中部、下部、胸外缘、胸内缘，胸肌的宽度、厚度、饱满度，躯干两侧的肌肉细节，前锯肌和肋间肌的厚度和分离度。

◎ 三角肌——宽度和饱满度，三角肌的三个头（前部、中部、后部）的发展。

◎ 背阔肌、斜方肌和竖脊肌——背阔肌的宽度、长度、厚度；斜方肌上部、中部以及下部的分离度及凸凹度；下背部竖脊肌的发展。

◎ 肱二头肌——肱二头肌的上部、中部、下部，高度和饱满度。

◎ 肱三头肌——肱三头肌三个头的发展，长头、外侧头和内侧头的分离度，宽度和厚度。

◎ 股四头肌——股四头肌全部四个头的发展，股四头肌（股直肌、股外侧肌、股内侧肌）的凸凹度和分离度，大腿外侧的弧线，大腿内侧的内收肌发达程度。

◎ 臀部——臀大肌的饱满度和清晰度。

◎ 腘绳肌——饱满度、清晰度、分离度，腘绳肌与股四头肌的分割度。

◎ 腹直肌、腹内外斜肌——腹肌上部和下部，腹肌的凸凹度，腰部两侧的腹内外斜肌分离度和清晰度。

◎ 比目鱼肌和腓肠肌——浅层的腓肠肌和深层的比目鱼肌清晰度和饱满度。

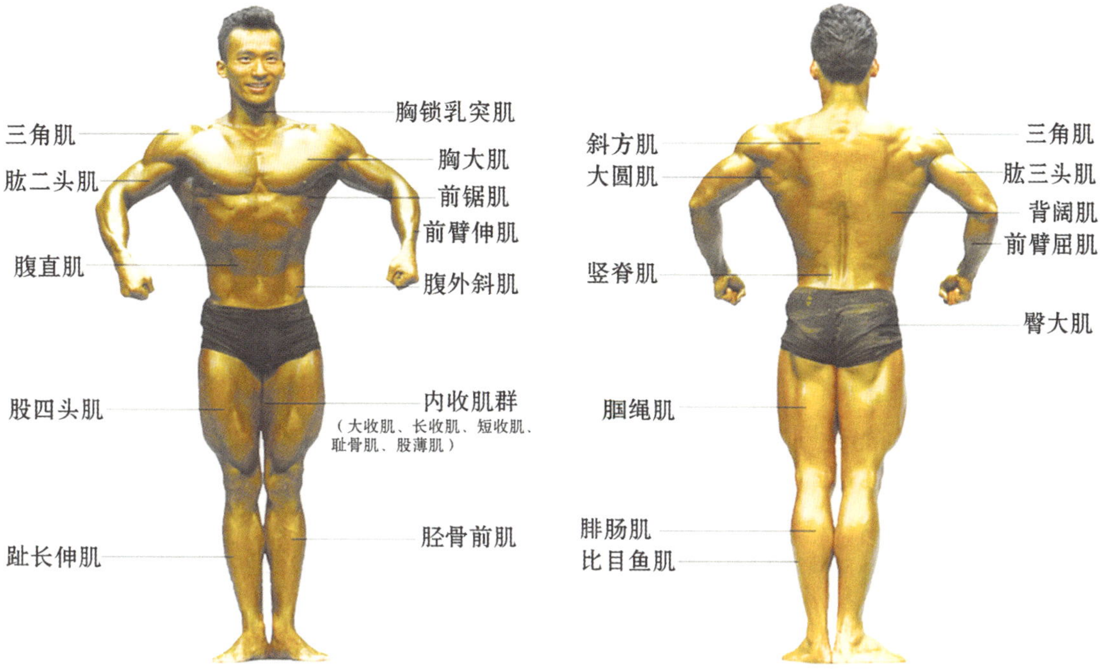

图6－29　练习部位

在训练计划的制订中，不同练习阶段安排训练部位也存在较大的差异。在初级水平阶段，身体各部位还不能承受过大的负荷刺激，这时可以采用整体法进行训练，也就是进行全身各部位的练习，每个部位一般安排1～6组较为适宜。中级水平阶段，由于经过一段时间的负荷刺激，对身体产生的生理适应，身体各部位肌肉力量逐渐增大，肌肉横截面积也随之增加，这时，如果还按照初级阶段的训练负荷进行练习，对肌肉的刺激将进一步减弱。为了进一步提高肌肉力量和增加肌肉体积，增大局部肌肉的刺激强度，这时可以采用分部法进行训练，将身体分为上身和下身两部分进行练习，也可以是屈肌和伸肌，每次只安排其中一部分肌群进行训练。而到高级水平阶段，随着训练水平进一步提高，可将全身分为若干部分，每次课程只练习其中一部分肌肉，甚至是一块肌肉的某一个部分，这种减少训练部位而增加训练负荷的方案，能够使肌肉受到更深的刺激，更有利于发展肌肉体积和完善肌肉轮廓（表6－4）。

表6－4　练习部位推荐值

训练阶段	部位/次
初级水平阶段	5～10个部位/次
中级水平阶段	3～4个部位/次
高级水平阶段	1～2个部位/次

（郭勇，2015）

二、动作选择

动作选择应建立在明确目标的基础之上，所选择的动作要与目标一致。由于骨骼肌的结构和功能差异，单一的动作练习无法练就完美的肌肉形态，所以，正确的动作选择是至关重要的。教练员或练习者必须根据这些训练的目标来选择具体训练动作，同时还要考虑训练者在每一阶段需要做多少动作才是合适的，这个因素不仅影响训练量是否能够承受，还涉及训练难度的问题。一个高效的动作选择必须考虑以下两个条件：第一，肌肉参与用力程度的高低；第二，神经肌肉活跃度。如果练习动作仅仅满足其中一个条件，那么它不是最优的。如果选择的动作满足以上两个条件，那么，这个动作可以认为是高效的。教练员或练习者可以从众多的健身健美训练方法中去选择，但是所有选择的练习动作都可以根据涉及的关节、运动所涉及的身体部位以及动作对所设定的训练目标的贡献率分为复合动作和孤立动作。复合动作是指对跨过两个或两个以上关节的多肌群之间的协同用力的练习动作。孤立动作是指对跨过一个关节的肌肉参与用力的练习动作。这种分类也仅仅是相对关节而言，因为不存在绝对孤立的动作。

（一）肌肉参与用力程度的高低

在选择练习动作时，肌肉参与用力程度的高低是一个重点考虑的因素。一般情况是，参与肌群越多，动作效率越高。此外，更多肌肉参与工作的练习动作会表现出更高的溢出效应，在对于复合动作和孤立动作的数年研究中，复合动作比孤立动作在刺激肌肉合成代谢方面具有更大的优势。举例说明，就像把石头投入池中会激起水花，波纹会传至水池的另一端，石头越大，水花就越大，波纹也就越大，训练也能产生类似的效果，我们称之为溢出效应。当一块肌肉得到练习而增长时，整个肌肉系统都会产生小幅度增长，甚至包括那些根本没练习的肌肉。如果一个训练动作对身体的溢出效应越强，引发肌肉生长的潜力就越大。生理学研究表明，复合动作能够激发更高的荷尔蒙水平，而孤立动作对荷尔蒙水平的影响较小，这是复合动作比孤立动作更能增大肌肉体积和力量的原因之一。所以，在选择动作时，首先应把主要精力集中在身体参与用力最多的肌群上。

（二）神经肌肉活跃度

研究证明，肌肉增长是来自神经系统的神经输入或刺激的结果，神经活跃度越高，训练动作就越好，肌肉和力量增长就越多。举一个例子来说明这个问题，把神经肌肉活跃度比作是开车。在最低水平上，宛如自己正在迪斯尼乐园开着一辆挂在轨道上的小车，不需要操纵方向盘，因为轨道帮助人们做了这项工作，所需要做的只是给油，用以加速或保持运动，没有集中精力的必要，这时可以观赏其他的景色。上升几个级别，在高速公路上开汽车，会发现集中精力就很有必要了，驾驶员必须控制方向，在车流中穿行，为其他司机让路，行为的复杂程度大大提高了。再提高几个级别，如果是开飞机，飞行员不仅要控制速度和转向，还有高度、斜度和偏航，对集中力、警觉性以及精确的驾驶技术的要求随着等级的提升已经大幅度提高。这些例子是对训练很形象的比喻，不同的练习动作等级也是以相似的运动模式工作的。使用自由重量需要更高的神经肌肉活跃度，这种提高也体现在从中所获得的力量和肌肉增长方面。所以，一个训练动作的神经肌肉活跃度等级越高，它对神经肌肉系统的影响也就越大，从此训练动作中获得肌肉增长的机会就越大。

在不同的训练阶段，不同的训练水平、动作选择与训练效果有直接的关系。所以，在选择训练动作时，不仅要考虑肌肉参与程度高低和神经肌肉活跃度两方面，还要根据练习者的目标、运动能力、动作难度以及适宜的动作数量来综合评价（表6－5）。

表6－5　不同力量水平阶段动作数量推荐值

训练阶段	动作/部位
初级水平阶段	1～2 个动作/部位
中级水平阶段	2～3 个动作/部位
高级水平阶段	3～4 个动作/部位

三、动作顺序

动作顺序是指根据训练计划既定的目标来编排训练内容的先后。在健身健美训练计划中，训练动作的顺序可以显著地影响神经、代谢、荷尔蒙和循环反应，因此，动作顺序作为训练计划的一部分必须认真考虑。其基本原则是：首先选择复合动作，其次选择孤立动作。如果两个动作来自同一个类别，如两个复合动作或两个孤立动作，或者是一次练习两个或两个以上大肌肉群，选择动作的条件是对神经系统影响最大的动作应安排在对神经系统影响较小的动作之前，多关节参与、动员肌肉群最多的动作优先。例如，在进行腿部训练时，首先练习深蹲，然后再练习腿屈伸。一节完整的健身健美训练课动作顺序基本结构主要有渐进式、交替式、循环式。

（一）渐进式

这是最常用的一种结构，首先做完一个动作的所有组数，再做下一个动作。例如：

A. 平卧杠铃卧推	4 组×16、12、8、6 次	90 秒间歇
B. 上斜哑铃卧推	4 组×20、16、12、8 次	90 秒间歇
C. 双杠臂屈伸	4 组×12 次	90 秒间歇

（二）交替式

这种结构属于“推”和“拉”训练系统范畴，能够让练习者在单位时间内完成更多的训练，又不会很快降低运动能力。在这种分配结构中，交替采用两个针对不同肌群的训练动作，以对抗肌群为佳。例如，首先做一组 A 动作，休息 60 秒，再做一组 B 动作，休息60秒，再做A动作，如此重复，直到两个动作都做完4组。

A. 平卧杠铃卧推	4组×10次	60秒间歇
B. 俯立杠铃划船	4组×10次	60秒间歇

（三）循环式

选择3个以上的动作，每个动作各做一组，形成一个循环，动作中间无间歇或短间歇。此外，还可以按照规定时间进行循环，例如，规定每个动作练习时间为60秒，每个动作之间无间歇或短间歇，做完一个循环之后有一定的间歇时间。例如：

A. 平卧哑铃卧推	10次	10秒间歇
B. 深蹲	10次	10秒间歇
C. 坐姿划船	10次	10秒间歇
D. 屈腿硬拉	10次	10秒间歇

四、组　数

组数是指在进行一个动作练习时按照动作的技术要领及规范要求连续重复至预定次数，称为一组动作，间歇后，再连续重复至预定次数即为另一组的动作。训练组数在计算运动量时是一个非常重要的参数，训练量对于基础体能的持续增长十分重要。通过大量实践证明，为了使训练部位达到刺激肌肉生长的效果，身体各部位需要通过多组数训练刺激才能提高肌肉力量和促使肌肉发达起来。从肌肉生理学理论可知，要调动和激活参与活动的所有肌纤维，身体各部位要做足量的不同练习，在每个特定练习中，要让肌肉达到精疲力竭的状态，保证每个肌肉从不同的角度都受到刺激，从而通过多组多角度练习使身体各部位肌肉形态达到完美程度。因此，教练员或练习者在制定训练计划时需要考虑个体的身体机能状态、训练周期、训练阶段、不同时期的练习任务来安排具体的训练组数（表6－6）。

表6－6　不同水平阶段动作组数推荐值

训练阶段	组数/动作
初级水平阶段	1～3组/动作
中级水平阶段	3～4组/动作
高级水平阶段	4～5组/动作

（郭勇，2015）

五、次　数

（一）重复次数与训练目标的关系

次数是指在一组动作训练中，肌肉从完全伸展到彻底收缩的一个完整循环，即为一次，使此动作反复伸展和收缩所完成的循环次数，即为此组的训练次数。不同的最大负荷百分比或采用不同的重复次数，能够对肌纤维产生特定的生理适应（表6－7）。从最新对肌纤维类型的研究发现，人类骨骼肌存在七种类型的肌纤维，它们是：I型、Ic型（I/IIa）、IIc型（IIa/I）、IIa型、IIax型、IIxa型和IIx型。但是，不同类型肌纤维所占比例有多有少，不同部位也存在快肌纤维和慢肌纤维比例的不同。研究还发现，很大一部分肌纤维是混合型的，称为“杂合”纤维。所以，如果长期进行8～12次的常规次数训练，只能训练到其中一部分肌纤维，还有一部分肌纤维没有得到有效刺激，也就无法发挥肌肉的最大生长潜能。因此，在不同的训练阶段，可以根据具体的训练目标安排不同次数的组合，包括低、中、高不同的反复次数。例如，第一组20次，第二组16次，第三组12次，第四组8次等。可以是侧重训练某一类型肌纤维，也可以按区域进行训练。

表6－7　重复次数与训练目标的关系

重复次数	训练目标
* 中级阶段 （3～6次） * 高级阶段 （1～6次）	爆发力
（1～6次）	最大肌力、肌肉体积
（6～12次）	肌肉体积
（12～20次）	肌肉体积、肌肉耐力
（20～30次）	肌肉耐力、减缩脂肪

（郭勇，2015）

（二）最大重复次数与1RM之间的关系

负荷与重复的次数有一个反向增减的关系，负荷越小重复的次数就越多，负荷越大重复的次数就越少，它们之间的这一关系被称之为1RM百分比与最大重复次数的关系。当负荷增加时，训练者所能举起的次数就相应的减少，最终随着负荷的增加训练者仅仅只能够完成一次的负荷被称之为1RM。RM是英文“Repetition Maximum”的缩写，中文译义是“最大重复值”“最大重复次数”“最大重复次数的重量”。如“6～12RM”所表达的就是“最多能重复或连续试举6～12次的重量”。如用100公斤进行卧推练习，当竭尽全力最多只能连续推举6次时，那么这100公斤就是该动作6RM的重量。设定训练负荷之前，教练员或练习者应了解负荷与重复次数之间的关系。表6－8列出了1RM的百分比负荷与所能重复次数之间的关系，练习者在使用这些数据时，应仅仅把表中提供的数据作为一种参考而不应作为一个铁律。

表6－8　1RM的百分比负荷与最大重复次数之间的关系

%1RM	最大重复次数
100	1
95	2
93	3
90	4
87	5
85	6
83	7
80	8
77	9
75	10
73	11
70	12
67	14
65	16
63	18
60	20

六、重　量

根据科学实验研究证实，采用不同负荷重量的练习，所产生的生理生化和代谢反应各不相同，与训练目标有直接的关系。通过多年的研究和训练实践可知，如果以发展最大力量为目标，负荷重量应选择最大重量的85%以上。如果以发展肌肉体积和发达肌肉为目标，一般以中等负荷重量为主，建议选择最大重量的65%～85%。如果以减缩脂肪为目标，负荷重量应以轻重量为主，建议选择最大重量的50%～60%。根据国际统一的标准，在力量练习中，把只能完成1次的最大重量称为极限重量，简称为1RM（1Repetition Maximum），用百分数表示为100%。通过多年的教学和实践经验，为了方便教练和练习者有目的地选择合适的重量，以极限重量作为标准，根据不同训练目标对负荷重量进行分类（表6－9）。

表6－9　负荷重量与训练目标的关系

重量分类	重量区间（%）	训练目标
第一类	（50～60）区间	减缩脂肪、肌肉耐力
第二类	（60～70）区间	肌肉耐力、肌肉体积
第三类	（70～80）区间	肌肉体积
第四类	（80～90）区间	肌肉体积、最大肌力
第五类	（90～100）区间	最大肌力、肌肉体积
第六类	（100～110）区间	最大肌力、等长肌力、离心肌力（谨慎使用）

七、间歇时间

间歇时间是指在一个动作进行多组练习之间或者多个动作循环练习之间需要做短暂的休息，这个休息时间称之为间歇时间。休息时间的长短，会显著改变阻力训练后的代谢、荷尔蒙、心血管的反应，也会影响连续组的运动表现。研究表明，磷酸原恢复50%的时间为20～30秒，恢复98%所需时间为180秒。对于进阶的抗阻力量训练，强调爆发力和最大力量的增加，最大或次最大负荷的复合动作，其休息时间建议至少2～5分钟。肌肉质量较小或孤立动作需要较短的休息时间，一般为60秒或更少。另一方面，刺激糖酵解和磷酸原系统（ATP－CP）将有助于肌肉肥大，训练组之间休息时间较短应是有效的训练手段，一般为1～2分钟。

间歇时间的长短受训练负荷的影响，首先受到练习者训练目标的影响，其次受到练习者训练状态的影响。负荷越大，练习者所需要的组间休息时间越长；反之，训练选择的负荷越小，所需要休息的时间就越短。在常规的健身健美训练过程中，可以根据练习者的恢复能力，对练习的间歇时间进行调整（表6-10）。

表6-10　间歇时间推荐值

训练目标	组与组间歇时间
爆发力	2~5分
最大力量	2~5分
力量及肌肉体积	2~3分
肌肉体积	1~2分
肌肉体积、力量耐力	< 60秒
减缩脂肪	≤ 30秒

八、动作速度

动作速度是指完成健身健美训练动作一次重复所需时间的长短。在健身健美训练中，动作速度至关重要，它是决定训练效果的因素之一。一个完整的健身健美练习动作通常包括向心收缩和离心收缩阶段，而向心收缩和离心收缩在力学、新陈代谢、神经刺激等方面都有一些不同。所以，在健身健美练习过程中，动作速度对训练结果有很大的影响，这需要根据不同的训练目标来确定动作速度。其推荐的动作速度要求是在动作的伸展和收缩阶段必须做到均匀、缓慢、有控制。在实际训练过程中，初级、中级水平阶段建议采用慢速和中等速度，而高级水平阶段在控制动作的前提下尽量提高速度。如果是发展肌肉体积，建议一次练习推荐的动作速度为3~4秒，有完整的向心收缩和离心收缩阶段。

九、训练频率

训练频率是指练习者进行特定肌肉部位每周训练的次数。身体的各个部位通过阻力训练刺激之后，会使肌肉产生适度疲劳和力量的暂时下降，在经过一段时间的休息，可以使肌肉力量和机能状态恢复到运动前的水平，并且在一定时间之内，还可以继续上升并且超过原有水平。如果下一次练习是在超量恢复阶段进行的，并使身体再次受到合理有效的刺激，身体的力量和机能水平就会再次产生超量恢复。如此反复的肌力练习就可以使肌肉体积增大，肌肉力量增强。也就是说，肌肉的生长就是在刺激—恢复—再刺激—再恢复的进程中不断发达起来的。现代医学证实，当手部轻微擦伤时，需要大约4~6天的正确护理才能完全康复。肌肉细微损伤越严重，恢复时间越长，相同的原理也适用于身体从健身健美训练损伤中完全恢复的能力。如果每周持续损伤尚未修复的肌肉细胞，不但会影响肌肉的生长速度，还会形成更大的损伤，也就无法达到超补偿的增肌效果。反之，如果身体具备良好的恢复条件和较强的恢复能力，可以适当增加训练频率。

最新一项研究显示，抗阻力量训练之后蛋白质合成率增加，运动后4小时，肌肉蛋白质合成率提高50%，24小时后提高109%，36小时后蛋白质合成率恢复到正常水平。所以，不论局部肌肉一周练一次、两次还是三次，都应在肌肉出现超量恢复时进行下一次的练习。只有这样，肌肉才能通过一次又一次的训练获得不断增长。初级水平阶段训练量和训练强度相对较低，产生超量恢复的时间相对较短，一般只需24～48小时，中级水平练习者对训练产生的刺激相对较深，产生超量恢复的时间也要长一些，大约需要48～72小时，而高级训练水平者对训练产生的刺激更深，产生超量恢复的时间也更长，通常情况下需要3～7天才能复原（图6－30）。所以，最佳的训练频率是由许多因素决定的，完全取决于练习者的训练目标、训练年限、训练水平、训练的不同阶段以及练习者的恢复能力等。要取得最快的进步，刺激和恢复必须保持完美的平衡。所以，训练频率的安排都是在最佳恢复和最佳刺激之间科学衡量和确定的，在实施训练计划时要根据身体实际恢复情况进行调整。

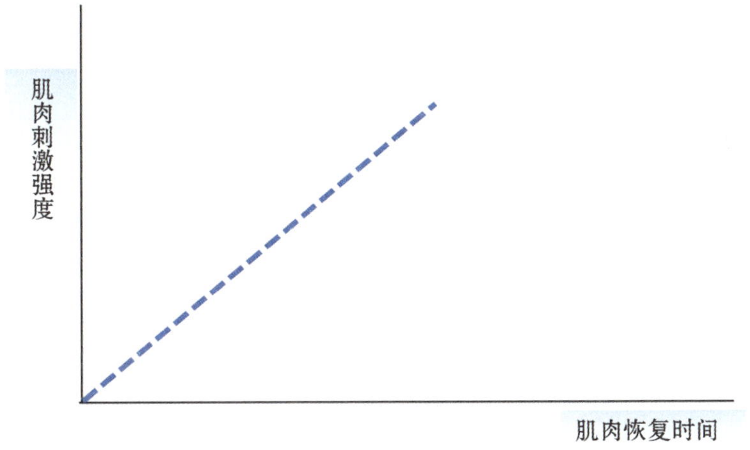

图6－30 肌肉刺激强度与肌肉恢复时间

十、执行健身健美训练计划的建议

制定一个科学合理的健身健美训练计划，教练或练习者必须考虑训练计划元素的变化，包括训练内容的选择、训练的频率、训练的负荷、训练量和组间休息时间。但是，必须明白即使是一个很有效的、个性化很强的健身健美训练计划，也不一定能够使练习者在某一个具体的时间段内达到增大肌肉体积和增大肌肉力量的目的，甚至他们相关的耐力、力量或者肌肉体积还会有下降的趋势，这取决于他们是否对训练感兴趣或者是否出现了训练过度的现象。即使是中级或者是高级训练者在经历过几个月的大强度训练后，肌肉的力量和神经肌肉的兴奋性也会出现下降的趋势，甚至还会出现过度疲劳的现象。

为了使练习者不断获得体格的改善并减少训练中运动损伤的发生，降低过度训练发生的概率，避免练习者对训练的厌倦感，保持训练的强度，练习者需要灵活地改变调整训练计划的相关内容，改变训练中的可变因素，把相关肌肉负荷训练要素进行组合，这种动态的计划调整可以使练习者始终处于进步之中。

十一、训练计划案例

（一）增肌训练计划

训练目标：增加肌肉体积。

频率：一周 5 次。

每次训练时间：60 分钟。

练习内容（表 6 – 11、表 6 – 12）：肩部、斜方肌、胸部、背部、大腿、小腿、腹部、大臂。

表 6 – 11　周计划内容安排

星期一	星期二	星期三	星期四	星期五	星期六	星期日
肩/斜方肌	臂/腹	腿	背	胸/腹	休息	

表 6 – 12　练习内容安排模板

练习部位	练习动作	组数	次数	组间间歇（秒）
肩/斜方肌	杠铃耸肩	4	16、12、10、8	90
	坐姿哑铃推举	4	16、12、10、6	90
	哑铃侧平举	4	20、16、12、10	90
	直立划船	3	16、12、10	90
	俯立哑铃侧平举	3	16、12、10	90
臂/腹	站姿杠铃弯举	4	16、12、8、4	90
	哑铃集中弯举	4	16、12、8、4	90
	仰卧臂屈伸	4	16、12、8、6	90
	绳索下压	4	16、12、8、8	90
	搁凳仰卧起坐（负重）	3	15 ~ 20	90
	斜板举腿	3	10 ~ 15	90
腿	深蹲	5	16、12、10、8、4	90
	腿举	4	12、10、8、6	90

续表

练习部位	练习动作	组数	次数	组间间歇（秒）
背	坐姿腿屈伸	3	16、12、10	90
	俯卧腿弯举	3	16、12、10	90
	屈腿硬拉	4	12、10、8、6	90
	站姿提踵	3	20、16、12	90
	引体向上（负重）	4	10～15	90
	俯身杠铃划船	4	16、12、10、6	90
	坐姿划船	4	16、12、10、8	90
	转体单臂下拉	4	16、12、10、8	90
胸/腹	杠铃卧推	4	16、12、8、4	90
	上斜哑铃卧推	4	16、12、8、4	90
	平卧哑铃飞鸟	4	20、16、12、10	90
	双向卷腹	3	15～20	90
	悬垂举腿	3	10～15	90

注：以上动作组数不包括热身组。

（二）减脂训练计划

训练目标：减去身体多余脂肪。

频率：一周 12 次。

每次训练时间：60～120 分钟。

练习内容（表 6－13、表 6－14）：肩部、斜方肌、胸部、背部、大腿、小腿、腹部、大臂、前臂。

表 6－13　周计划内容安排

星期一	星期二	星期三	星期四	星期五	星期六	星期日
上午						
胸部	肩部/斜方肌 大臂 前臂	胸部	肩部/斜方肌 大臂 前臂	胸部	肩部/斜方肌 大臂 前臂	休息
下午						
大腿 小腿	背部	大腿 小腿	背部	大腿 小腿	背部	休息

（注：每天练腹部）

表 6－14　练习内容安排模板

练习部位	练习动作	组数	次数	组间间歇（秒）
		周一/周三/周五		
胸部	杠铃卧推	4	20、16、12、10	60
	上斜哑铃卧推	4	20、16、12、10	60
	哑铃飞鸟	3	20、16、12	60
	坐姿蝴蝶夹胸	3	20、16、12	60
大腿	深蹲	5	20、16、12、8、6	60
	上斜腿举	4	20、16、12、8	60
	俯卧腿弯举	3	20、16、12	60
	屈腿硬拉	3	20、16、12	60
小腿	站姿提踵	3	20、16、12	30
	坐姿提踵	3	20、16、12	30
腹部	卷腹	3	20	60
	卷腹转体	3	20	60
	仰卧举腿	3	15	60
		周二/周四/周六		
肩部/斜方肌	颈前杠铃推举	4	16、12、10、10	60
	哑铃侧平举	3	20、16、12	60
	俯身哑铃侧平举	3	20、16、12	60
	哑铃耸肩	3	16、12、8	60
背部	引体向上	4	10～15	60
	坐姿器械下拉	4	20、16、12、10	60
	俯身杠铃划船	4	20、16、12、10	60
大臂	站姿杠铃弯举	3	20、16、12	60
	哑铃集中弯举	3	16、12、10	60
	仰卧臂屈伸	3	20、16、12	60
	拉力器下压	3	20、16、12	60
前臂	杠铃正握腕弯举	3	20、16、12	60
	杠铃反握腕弯举	3	20、16、12	60
腹部	卷腹	3	15～25	60
	双向卷腹	3	15～25	60
	悬垂举腿	3	10～15	60

注：以上动作组数不包括热身组。

思考题

1. 制订健身健美训练计划的基本原则有哪些?
2. 健身健美训练计划由哪些要素构成?
3. 如何选择安全和高效的训练动作?
4. 制订一个增肌训练计划。
5. 制订一个减脂训练计划。

第七章　健身健美竞赛组织及裁判法

本章提要

- 了解健身健美竞赛组织的基本程序及内容
- 了解男子健美和女子健体竞赛程序以及评分依据
- 了解健身先生和健身小姐竞赛程序以及评分依据

健身健美运动不仅是一项体育竞赛项目，更是一种健与美的塑造和艺术造型的完美展现。运动员的表演需要通过舞台去呈现，这个过程需要组织者精心策划和安排，考虑到每一个细节，健身健美竞赛组织工作就是为运动员的展示而服务的。此外，无论是健身健美教练员还是运动员，在完成展示和比赛之前，需要对展示的内容有清晰的了解，对比赛中的评判细则有一定的认识，因此，参与者需要学习大量的专业知识。

第一节　健身健美竞赛组织

一、赛事规划

赛事规划并不是赛事组织的开端，它渗透在赛事组织的全过程中。竞赛管理或组织部门一般应提前一年或在前一年末制订赛事计划，将其纳入年度竞赛工作计划体系，并面向相应的受众群体公示相关信息。在正常情况下，赛事活动应按期举办，主办单位以招标或合作等形式提前确定承办方，确定承办单位前须事先考查其是否具备赛事承办条件。良好的赛事规划是健美健身比赛活动成功举办的先导，组织机构精心制订的赛事规划对今后组织比赛仍然有重要的参考价值。赛事规划要点如下：

◎ 根据比赛赛场容量以及以往经验估算赛事收益，再根据预期收益制订赛事预算。

◎ 设置赛前、赛期以及赛后工作重要内容以及时间表。

◎ 按照各项任务的逻辑顺序安排工作时间流程，规划要详细到每一天。

◎ 以后推方式制订规划，并规定完成每项任务的最后期限。

◎ 考虑到不可预见的延误，应在时间安排上留有余地。

◎ 将赛事规划告知参与赛事的各工作人员，包括管理人员、志愿者、以及政府官员等。

◎ 由各部门分别制订所负责事务的时间规划，最终汇总为规划总表。

◎ 制订规划时，要考虑到规划会发生随机变动。

二、拟定健身健美竞赛规程

健身健美竞赛规程是比赛的法规性文件，比赛过程中所有事件的处理都要遵守竞赛规程规定的相关内容。因此，在拟定健身健美竞赛规程时，应尽可能详细说明有关比赛的相关事宜，避免由于歧义而引起实际工作中的困难和纠纷。依据竞赛的性质明确比赛的目的和任务，根据目的和任务决定竞赛组织规模，根据规模，拟订规程。竞赛规程的基本内容如下。

（一） 主办单位

发起比赛的项目管理机构或企业。

（二） 承办单位

执行赛事组织的单位，负责整个赛事规划和安排。

（二） 比赛日期

比赛日期可结合重大比赛任务，健美健身训练周期特点，或结合气候条件确定。若无特别要求，竞赛时间最好定在节假日或双休日。

（三） 比赛地点

比赛地点或承办单位宜选择交通便捷、适中，食宿条件较好的地方。

（四） 比赛项目

根据赛事性质和规模确定具体的比赛项目。可以是健身健美综合性运动会，也可以是单项健身健美比赛，如健美锦标赛、健身锦标赛、俱乐部大赛等。

（五） 参加办法

1. 运动员比赛的资格规定。
2. 各项目参赛人数规定。
3. 工作人员与运动员人数比例规定。
4. 报名、报名截止日期和报到日期的规定。报名一般在比赛的前 10 ~ 20 天左右，报到在比赛的前 2 ~ 3 天，比赛结束的第二天离会较为合适。

（六） 竞赛办法

1. 采用中国健美协会最新审定的《健美健身竞赛规则裁判法》。
2. 竞赛日程或竞赛活动安排最好与竞赛规程一同下发。
3. 大会用音乐素材提示。
4. 裁判员选派规定。

（七） 录取名次与奖励办法

1. 以鼓励运动员创造优异成绩为出发点，特定的加分政策或物质奖励规定。
2. 个人奖：各单项根据实际需要录取相应名次进行物质或荣誉奖励。
3. 团体奖：按团体总分和名次，颁发奖牌、奖杯以及奖品。

（八） 报　名

1. 规定报名办法，各单位须按统一规格填报报名单，一式两份，分别报主办单位和承办单位。

2. 报名单须要求参赛队地方主管单位或相关组织及医务部门审查盖章，按规定时间报名，逾期不予受理。

3. 若需收取报名费，须明确缴纳办法。

（九）报　到

参赛队或参赛运动员须在规定的时间内到承办单位报到并办理参赛手续，若有提前报到情况，须说明食宿、交通等自理规定。竞赛规程根据每次赛事的主题或形式进行增减事项和说明，竞赛规程应在比赛前三个月下发，规程以纸质文本或网络文本等形式发放。

三、编制经费预算

举办健美健身赛事，保证经费的合理支出是赛事圆满成功的前提，所以举办比赛前需要对经费进行预算，基本内容包括：

（一）赛会人员住宿费和膳食费

官员、裁判员、工作人员、领队、教练、运动员及运动队工作人员的实际住宿费用。

（二）交通费

官员、裁判及相关工作人员的往返交通费用，比赛期间的车辆租赁或使用费等。

（三）比赛器材

消耗性器材和比赛设施，如一次性赛台台面地毯及准备活动器材租赁费等。设计制作奖牌、奖杯及证书费等。

（四）比赛过程中相关人员所需文具用品费用

（五）场地租赁及其他费用等

四、成立组织机构

进入赛事操作期需要成立赛事组织机构（图 7－1）。一般而言，全国性单项比赛可成立组织委员会，而综合性运动会单项比赛可成立竞赛委员会。

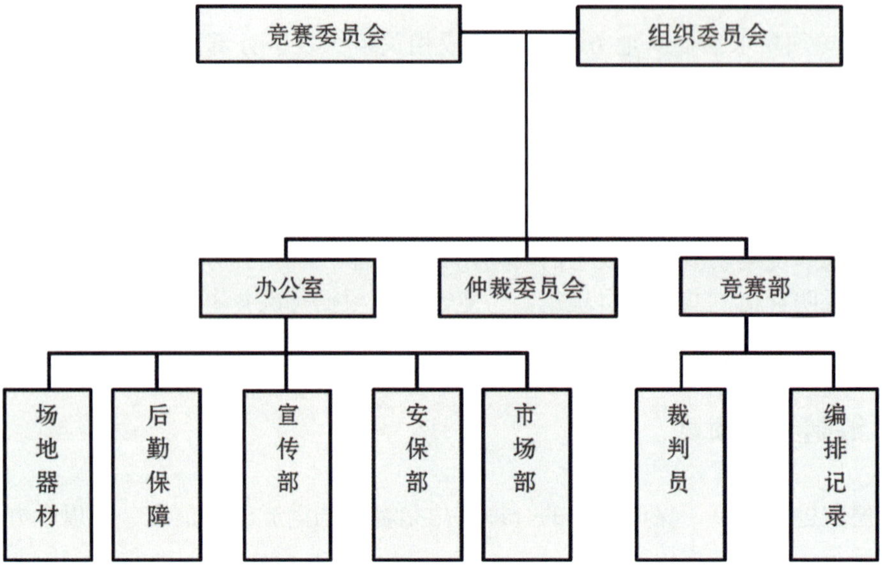

图7－1 赛事组织机构图

五、报 名

◎ 说明具体的报名方式，如网络在线报名、纸质报名及其他报名方式，并说明报名时的相关要求及注意事项。

◎ 在规定时间内按规程要求接受报名。

◎ 报名截止后，按项目进行分类，整理统计报名信息。

六、编排秩序册

秩序册是一种指导运动员、教练员及观众参加和观看比赛的手册。秩序册的基本内容如下：

◎ 主办单位下发的相关文件。

◎ 竞赛规程和补充通知。

◎ 组织委员会。

◎ 工作机构。

◎ 仲裁委会员。

◎ 裁判员。

◎ 运动队名单（领队、教练员、运动员）。

◎ 大会活动日程（包括比赛时间、用餐时间、发车时间等）。

◎ 参赛人员人数统计。

◎ 竞赛场地平面示意图。

第二节　男子健美和女子健体比赛程序及评判依据

一、男子健美和女子健体比赛程序

（一）预赛程序

1. 准备与入场

全体运动员按序号入场，面向裁判员成一行或多行自然站立。

2. 四次向右转体和规定动作比赛

（1）在裁判长或裁判员指挥下，运动员做四次向右转体。

（2）在裁判长或裁判员的指挥下，运动员做规定动作。

A. 前展双肱二头肌（男子、女子）

B. 前展双背阔肌（男子）

C. 侧展胸部（男子、女子）

D. 后展双肱二头肌（男子、女子）

E. 后展双背阔肌（男子）

F. 侧展肱三头肌（男子、女子）

G. 前展腹部和大腿（男子）

（二）半决赛程序

1. 准备与入场

全体运动员按序号入场，面向裁判员成一行自然站立。

2. 二次向后转体和规定动作比较评分

在缺少预赛程序、直接进入半决赛的前提下，可在二次向后转体后进行分组做规定动作，然后再进入比较评分环节。

（三）决赛程序

1. 准备与入场

全体运动员按序号入场，面向裁判员单行自然站立。

2. 自选动作、集体规定动作和不定位自由造型

（1）运动员按号序逐一入场做自选动作。

（2）全体运动员按序号入场，面向裁判员成一行自然站立。

（3）在裁判长或裁判员的指挥下，运动员集体做规定动作。

（4）在大会音乐的伴奏下集体做不定位的自由造型。

二、男子健美比赛技术标准和评判依据

（一）1/4 转

运动员自然站立，吸腹挺胸，头部正直，两眼平视前方，两臂自然下垂于体侧，身体各部位肌肉不得过度收缩，从前、左、后、右四个方位展示体形（图 7－2～图 7－5）。

图 7－2　正面体形展示

图 7－3　左侧体形展示

图 7－4　背面体形展示

图 7－5　右侧体形展示

评判依据

◎ 体形和谐，骨骼发育良好，宽肩，高胸，窄腰，直腿，身体中心线中正，头、四肢和躯干的比例协调。

◎ 全身肌肉发展均衡，左右对称、前后对应，各部位肌肉发达，结实、饱满，围度大，轮廓显著、美观，线条清晰。

◎ 皮肤光洁、色泽和谐，没有外科手术或其他疤痕、斑点、痤疮或纹身等。

（二）规定动作技术及评判依据

1. 前展双肱二头肌

面向裁判员站立，一腿向侧轻点地，两腿略外旋，吸腹成空腔，抬起两臂，弯曲肘部略高于肩，两手握拳，屈腕，用力收缩双侧肱二头肌及全身肌肉（图 7－6）。

评判依据：

◎ 肱二头肌的整体和肌肉尖峰发达。

◎ 肱二头肌前后部分分界明显，长短适中。

◎ 肱二头肌与身体其他各部位肌群发展均衡、和谐。

◎ 整体造型规范、美观。

常见错误：

◎ 腿部肌肉未收缩。

◎ 腹部下压而未提高形成空腔。

◎ 胸肌下垂。

◎ 背阔肌未展开。

◎ 两臂上抬过高或两肘太向后。

2. 前展双背阔肌

面向裁判员站立，吸腹成空腔，两手握拳分开拇指叉按于腰部，用力扩展双侧背阔肌并收缩全身肌肉（图 7－7）。

图 7－6　前展双肱二头肌

图 7－7　前展双背阔肌

评判依据：

◎ 背阔肌宽、厚，形状美观。

◎ 背阔肌构建出的“V”字形状均衡协调。

◎ 胸、腹、大腿肌群形态清晰，与背阔肌互为关联。

◎ 整体与局部协调，整体造型规范、美观。

常见错误：

◎ 腿肌未收紧。

◎ 腹部未形成空腔。

◎ 两肩耸前。

◎ 胸肌压平。

3. 侧展胸部

以右侧为例，侧向裁判员站立，右腿弯曲，前脚掌着地，吸腹挺胸，左手握住右手腕，屈肘，用力收缩胸部及全身肌肉（图7－8）。

评判依据：

◎ 胸大肌宽阔、厚实，形状美观。

◎ 胸、肩关联处切迹明显。

◎ 肩部、肱二头肌、大腿、小腿肌群发达，与胸部比例适宜。

◎ 整体造型规范、美观。

常见错误：

◎ 胸肌收缩不正确，未形成挺胸状。

◎ 腹肌松弛或腹部没有形成空腔。

◎ 臀部抬得过高。

◎ 腿部位置不对，腿部肌肉未收紧。

4. 后展双肱二头肌

背向裁判员站立，一腿屈膝后移，前脚掌着地，抬起两臂，弯屈肘部略高于肩，两手握拳，屈腕，用力收缩双侧肱二头肌及全身肌肉（图7－9）。

评判依据：

◎ 肱二头肌凸起显著，轮廓清晰，长短适宜，与肱肌、肱三头肌、三角肌间分隔明显，形态美观。

◎ 颈部、三角肌、肱二头肌、肱三头肌、前臂肌肉、斜方肌、大小圆肌、冈下肌、骶棘肌、腹外斜肌、背阔肌、臀肌、股后肌群和小腿肌肉高度发达、均衡。

◎ 肌肉密度、分离度及清晰程度高。

◎ 整体造型规范、美观。

常见错误：

◎ 两肘尖上抬过高。

◎ 两臂前倾过多。

◎ 两肩下压在背阔肌上，斜方肌收缩过紧，导致背中部未展开。

◎ 大臂外旋不足。

◎ 核心不稳定，腹部未形成空腔。

◎ 两腿没有形成外旋状态，臀部松弛。

图7-8 侧展胸部

图7-9 后展双肱二头肌

5. 后展双背阔肌

背向裁判员站立，两脚与肩同宽，两腿略外旋，吸腹含胸，两手握拳分开拇指叉按于腰部，用力扩展双侧背阔肌并收缩全身肌肉（图7-10）。

评判依据：

◎ 背阔肌宽、厚，下缘清晰，背阔肌构建出的“V”字形状均衡、协调、形状美观。

◎ 肩、臂、斜方肌、腰背筋膜、骶脊肌、臀肌、腘绳肌群及小腿肌群发达、线条清晰，形态完美，与背阔肌高度对应。

◎ 脊柱两侧肌肉发展均衡，肌肉密度大、轮廓清晰。

◎ 整体均衡，造型规范、美观。

错误动作：

◎ 两肩向前沉落。

◎ 腹部未收紧。

◎ 两手没有夹紧腰部。

◎ 臀部和小腿没有收紧。

◎ 整个身体重心较低。

6. 侧展肱三头肌

以左侧为例，侧向裁判员站立，以左腿为支撑腿，右腿屈膝向后点地，左臂垂于体侧，右手经体后握住左手（腕），用力收缩肱三头肌及全身肌肉（图7-11）。

评判依据：

◎ 肱三头肌发达、清晰，形状美观。

◎ 肩、肱二头肌、前臂肌群、胸、前锯肌群、腹、臀、大腿、小腿肌群侧面观肌肉发达、轮廓清晰。

◎ 身体各部位肌群发展均衡。

◎ 整体和谐，造型规范、美观。

常见错误：

◎ 大臂外旋过度而不能清楚显示三头肌。

◎ 肩部下沉。

◎ 腰部扭转不足，腹部未收紧。

◎ 腿部肌肉松弛，弯腿的足趾尽可能高地踮起。

7. 前展腹部和腿部

面向裁判员站立，一腿前伸，身体重心置于后腿，两手置于头后，呼气，用力压缩腹部、收缩腿部及全身肌肉（图 7－12）。

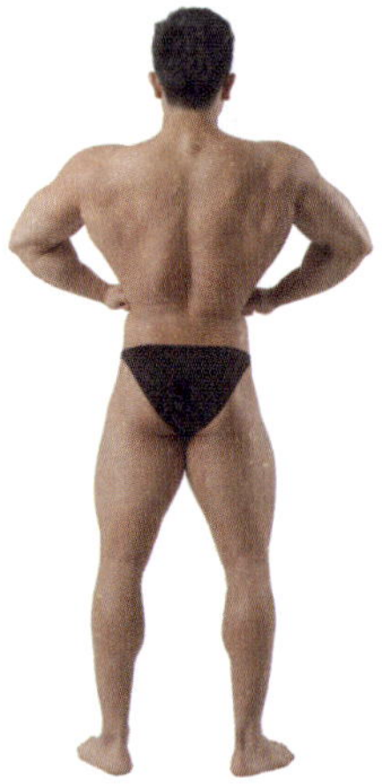

图 7－10　后展双背阔肌

图 7－11　侧展肱三头肌

图 7－12　前展腹部和腿部

评判依据：

◎ 腹直肌发达，块垒清晰、突出，腹外斜肌形成的体块明显。

◎ 大腿肌肉发达、肌肉沟纹清晰，大腿内外侧饱满。

◎ 身体各部位肌群发展均衡。

◎ 整体造型规范、美观。

常见错误：

◎ 两肘下压过多，臂部和肩部挤压了胸部。

◎ 腹肌收缩不足，未能吸腹成空腔。

◎ 腿部收缩不充分，与上体没有形成良好配合。

三、女子健体比赛技术标准和评判依据

（一）1/4 转体

运动员自然站立，吸腹挺胸，头部正直，两眼平视前方，两臂自然下垂于体侧，身体各部位肌肉不得过度收缩，从四个方位展示体形（图 7－13～图 7－16）。

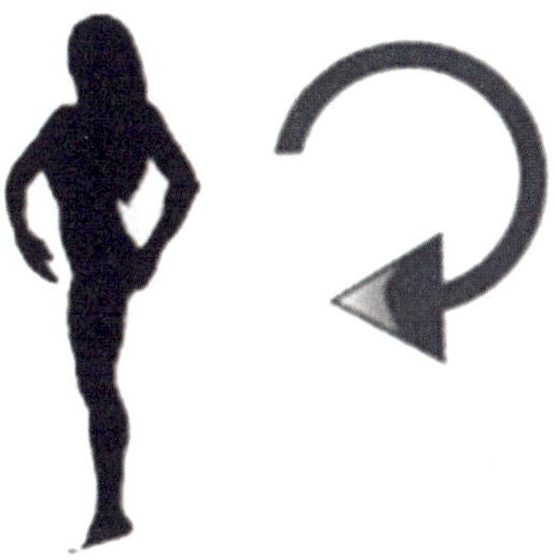

图 7－13　左侧

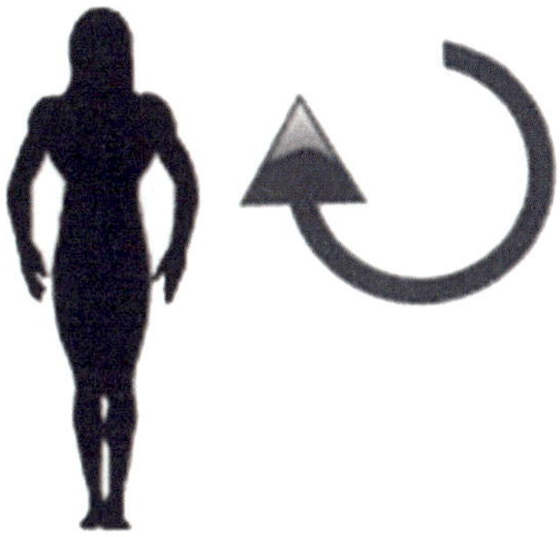

图 7－14　后侧

图 7－15　右侧

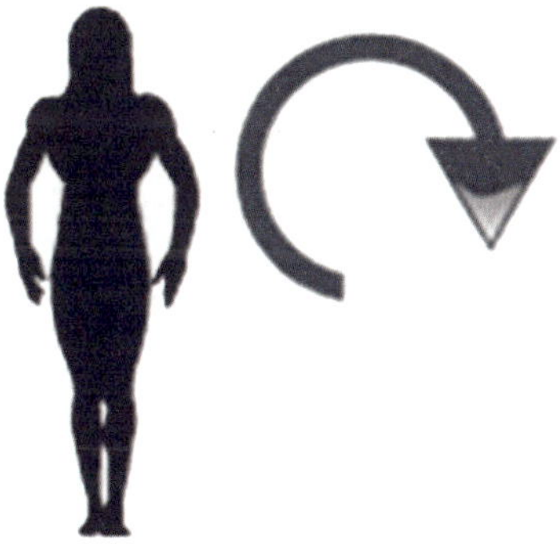

图 7－16　前侧

评判依据：

◎ 体形和谐，骨骼发育良好，宽肩，高胸，窄腰，骨盆适中，腿直，身体中心线中正，头、四肢和躯干的比例协调。

◎ 全身肌肉发展均衡，左右对称、前后对应，各部位肌肉发达适度、紧致、饱满，轮廓显著、美观，线条清晰。

◎ 皮肤光洁、色泽和谐，没有外科手术或其他疤痕、斑点、痤疮或纹身等。

◎ 在赛台上站立时仪态端庄，行走时姿态优美。

（二） 规定动作技术及评判依据

1. 前展双肱二头肌（图 7－17）

面向裁判员站立，一腿侧移点地，收紧腰腹部，抬起两臂，略高于肩，屈小臂，两手五指分开，收缩双侧肱二头肌及全身肌肉。

评判依据：

◎ 肱二头肌适度发达。

◎ 肱二头肌、肩部、胸部、腹部、大腿、小腿及全身各部位肌肉协调、匀称。

◎ 整体造型规范、美观，展现运动美的体格。

2. 侧展胸部（图 7－18）

以左侧为例，侧向裁判员站立，以右腿为支撑腿，略微弯屈，左腿伸直向身体前方伸出点地，两臂在胸前交叉，收缩胸部及全身肌肉。

评判依据：

◎ 胸大肌发达适度。

◎ 肩部、肱二头肌、肋弯处及臀、大腿、小腿肌群发达、轮廓清晰，与胸部比例适宜。

◎ 整体造型规范，凹凸有致、展现女性柔美。

图 7－17 前展肱二头肌

图 7－18 侧展胸部

3. 后展双肱二头肌（图 7－19）

背向裁判员站立，一腿侧移点地，收紧腰腹部，抬起两臂，略高于肩，屈小臂，两手五指分开，收缩肱双侧二头肌及全身肌肉。

评判依据：

◎ 肱二头肌适度发达。

◎ 上下斜方肌、大圆肌、小圆肌、冈下肌、竖脊肌、臀大肌、大腿和小腿各部位肌肉协调、匀称。

◎ 整体造型规范，拥有健康、强健、运动美的体格。

4. 侧展肱三头肌（图 7－20）

以左侧为例，侧向裁判员站立，以右腿为支撑腿，略微弯屈，左腿伸直向身体前方伸出点地，左臂伸直贴于体侧，右臂向体后握住左臂手腕，收缩胸部及全身肌肉。

评判依据：

◎ 肱三头肌发达适度，轮廓清晰，形状完美。

◎ 肩部、肱二头肌、前臂肌群、胸、腹、臀、大腿、小腿肌群侧面观轮廓清晰，全身各部位肌群协调、匀称。

◎ 整体造型规范、美观。

图 7－19　后展肱二头肌

图 7－20　侧展肱三头肌

第三节　健身先生和健身小姐比赛程序及评判依据

一、健身先生和健身小姐比赛程序

（一）预赛程序

1. 准备与入场

全体运动员按序号入场，面向裁判员成一行或多行自然站立。

2. 四次向右转体，分组 1/4 转体

在裁判长或裁判员指挥下，运动员集体或分行做四次向右转体。

（二）半决赛程序（形体轮比赛）

1. 准备与入场

全体运动员按序号入场，面向裁判员成一行自然站立。

2. 四次向右转体，比较评分，按规定路线行走，做定位造型。

（三） 半决赛程序 （运动特长比赛）

运动员按序号逐个入场，在自选音乐的伴奏下进行运动特长表演。

（四） 决赛程序 （形体轮比赛）

1. 准备与入场：全体运动员按序号入场，面向裁判员呈单行自然站立。
2. 四次向右转体，按规定路线行走，做定位造型。

（五） 决赛程序 （运动特长比赛）

运动员按序号逐个入场，在自选音乐的伴奏下进行运动特长表演。

（六） 决赛程序 （晚、 正装展示）

运动员按签号顺序进行规定路线行走，进行晚（正）装展示。

二、健身先生和健身小姐比赛技术标准及评判依据

（一） 形体轮 1/4 转体

正面、背面基本站立（图 7－21～图 7－24）

运动员全脚掌着地并脚站立，吸腹挺胸，头部正直，两眼平视，两臂下垂于体侧，全身各部位肌肉不得过度收缩，从正面、背面展示体形。

图 7－21　女子健身正面体形展示

图 7－22　男子健身正面体形展示

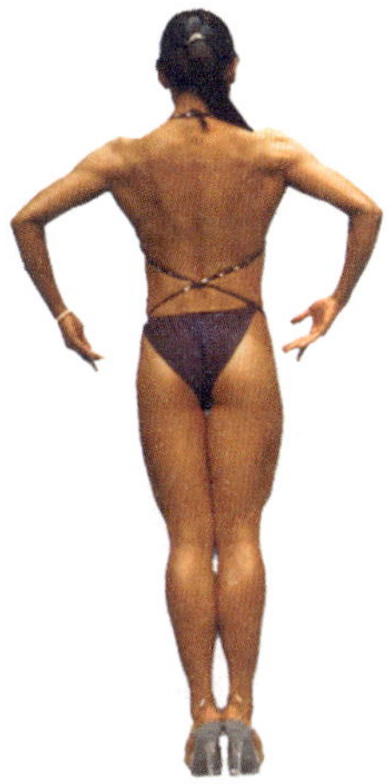

图 7－23 女子健身背面体形展示

图 7－24 男子健身背面体形展示

左、右侧面基本站立（图 7－25～图 7－28）

运动员侧向裁判全脚掌着地并脚站立，吸腹、紧腰、挺胸，头部正直，两眼平视，全身各部位肌肉不得过度收缩，从左右侧面展示体形。

图 7－25 女子健身左侧体形展示

图 7－26 男子健身左侧体形展示

形体轮评判依据：

◎ 观察运动员整体的骨架形态：肩与髋、头与躯干、肢体比例等，脊柱是否中正，是否有先天缺陷，如鸡胸、O 型腿等。应综合以上的观察给于先天因素的整体评价。

◎ 肌肉应是通过健美训练获得的，发达适度，肌肉轮廓和肌肉线条清晰，有较好的弹性和力度，整体匀称、协调。女性特征明显，皮下适度脂肪。

◎ 皮肤质地光滑，肤色健康，着色均匀，没有瘢痕及纹身等影响皮肤光洁度的因素。

◎ 根据四个转向动作从运动员身体的前、左、后、右依次进行观察，身体是否具有 V 或 S 型态，运动员做造型动作时必须全脚掌着地。

◎ 按规定路线行走是对运动员形体在动态中评价的重要环节。在这一过程中，男运动员应着重展现健康、阳刚、有魅力的男性特征。女运动员着重展现健康、阳光、柔美的女性特征。

图 7－27　女子健身右侧体形展示

图 7－28　男子健身右侧体形展示

（二） 运动特长比赛

运动特长比赛是评价健身运动员运动能力与训练水平、艺术修养等综合素质的一项重要的内容。评判依据主要有以下几方面：

◎ 完成：是健身运动员技术水平与运动能力、训练水平等综合素质的体现，通过运动员的表演展现创编者的意图，是对整套动作质量评价的重要因素。

◎ 编排：是教练员和运动员对运动特长的认识水平、理解能力的体现，反映其想象力、创造力及艺术修养。编排套路主题突出、健康，整套动作编排完整、新颖，有艺术性、观赏性。整套动作中应包括全面体现运动员综合运动能力、身体素质的动作。

◎ 表现力：体现运动员对整套动作主题的理解及演绎能力。动作与音乐要融合，节奏感强，有激情，有感染力。

◎ 表演服装与道具：应与整套动作主题相吻合。

（三） 服装展示比赛

评判依据：

◎ 服装：合体，款式颜色与运动员的形象相符。

◎ 形象：五官端正，化妆、发型、服装相融。

◎ 气质：高雅（阳刚）、大方、自信。

◎ 仪态：仪容端庄、健康，步态自然、站姿优雅。

思考题

1. 组织一场健身健美比赛需要做哪些准备?
2. 健美和健身比赛的一般程序是什么?
3. 男子健美和女子健体比赛的评判依据是什么?
4. 健身比赛中，男运动员和女运动员在形体轮评判中有哪些区别?

参考文献

[1]全国体育学院教材委员会审定. 健美运动[M]. 北京:人民体育出版社,1991.

[2]郭勇. 社区器械健身法[M]. 北京:金盾出版社,2013.

[3]阿诺德·施瓦辛格(美). 施瓦辛格健身全书[M]. 万义兵,费海汀,杨婕,译. 北京:北京科学技术出版社,2012.

[4]运动解剖学编写组. 运动解剖学[M]. 北京:北京体育大学出版社,2013.

[5]杰克·威尔莫尔(美),大卫·科斯蒂尔(美),拉里·凯尼(美). 运动生理学[M]. 王瑞元,汪军,译. 曹建民,审译. 北京:北京体育大学出版社,2011.

[6]郭庆红,徐铁,王严,等. 健身运动指导全书[M]. 北京:农村读物出版社,2012.

[7]有贺诚司(日). 肌肉力量基础训练[M]. 刘新华,谢娟,朱玲莉,译. 北京:人民体育出版社,2011.

[8]韦德(加). 韦德健美训练法则[M]. 中国健美协会,译. 北京:北京体育大学出版社,2000.

[9]娄琢玉. 娄琢玉健美世界[M]. 上海:世界图书出版公司,2001.

[10]图德·邦帕(美),格雷戈里·哈夫(美). 周期–运动训练理论与方法[M]. 李少丹,李艳翎,译. 北京:北京体育大学出版社,2011.

[11]梅琳达·玛诺(美). 运动营养与健康和运动能力[M]. 曹建民,等译. 北京:北京体育大学出版社,2011.

[12]弗朗西斯·显凯维奇·赛译(美),埃莉诺·诺斯·惠特尼(美). 营养学——概念与争论[M]. 王希成,王蕾,译. 北京:清华大学出版社,2004.

[13]Roger W. Earle,Thomas R. Baechle(美). 美国国家体能协会私人教练基础[M]. 陈方灿校对编辑. 上海:文汇出版社,2005.

[14]中国健美协会. 健美健身竞赛规则与裁判法[M]. 北京:北京体育大学出版社,2007.

[15]崔玉鹏. 运动导致的骨骼肌细胞结构损伤以及诊断[M]. 北京:北京体育大学出版社,2011.

[16]纪宁,巫宁. 体育赛事的经营与管理[M]. 北京:电子工业出版社,2004.

[17]运动生物化学编写组. 运动生物化学[M]. 北京:北京体育大学出版社,2013.